山本五十六の戦争

保阪正康

JN148399

毎日文庫

山本五十六の戦争　目次

ブックデザイン　鈴木成一デザイン室

山本五十六の戦争

序章
国際派軍人への道

五十六はなぜ軍人の道を選んだのか

平成に入って間もなく、私は新潟県長岡市での山本五十六に関するシンポジウムに出席したことがある。その折に五十六の生家を見ることができた。決して広いとはいえないその家の二階であったが、五十六の勉強部屋を確かめた。五十六少年がこの空間で将来を見据えながら学問に励んだのかと思えば、私はひとしきり体が震えるのを感じたのである。

五十六の父、高野貞吉《さだよし》の家系は元々は長岡藩の儒官であった。五十六は、文字どおり貞吉の五十六歳の時の子であった。六男で母は峯《みね》である。貞吉は戊辰戦争の折の長岡城をめぐる戦いに参加、官軍との戦闘に積極的に加わり、負傷している。その後、貞吉は県庁職員や教員になったといわれている。しかし高野家は家族も多く、加えて戦火による被害のもと、粗末な家に住んで家族が肩を寄せ合う生活であったという。

兄たちは養子に出されたが、五十六は実家で育って長岡中学に進み、そこで海軍兵学校を受験している。幼年期、少年期の五十六については、貞吉が養育日記のようなものを残しているので、それである程度はわかる。それによると、五十六は幼児期から漢籍に親しみ、幅広い教養を身につけたというのである。五十六の書簡はいくつか残されているが、そこには確かに漢籍の素養が見える。教養人というべき素地はあったのだ。

五十六はなぜ海軍兵学校に進んだのか。むろん確たる証拠があるわけではない。家が貧しく、旧制高校に進学する余裕はなかったと想像されるし、とにかく官費で学べることが最優先されたのであろう。そう考えれば、かなりの難関である海軍兵学校に進むのは決して容易ではなかったが最善の選択だったともいえる。

賊軍の汚名は、五十六の心中に幼年期から刻まれている。官軍に抗したというのは事あるごとに、長岡藩出身者につきまとっていた。官の道に進んで栄達をはかることは、現実には無理でもあった。一般的な言い方になるのだが、「自分で自分の道をきりひらくほかはなかった山本は、軍人の道を選んだが、その世界もまた『薩摩の海軍』を中心に、〝官軍派〟が大手をふっているところであった」（半藤一利『山本五十六』平凡社）といった見方が歴史的に妥当といっていいだろう。貧しさの中で官費での人生を選択せざるを得ないことは、並外れた努力が必要だったのである。

叔父・野村貞と鈴木貫太郎の影響

あえてもう一点、五十六をして海軍軍人を選択させた理由が想像できる。それは父・貞吉の妹の夫が海軍軍人の野村貞《ただし》だったことだ。これは田中宏巳著の『山本五十六』によるのだが、野村は戊辰戦争の時に、長岡藩の大砲隊長として戦ったという。維新後は海軍軍人の道に入り、「剛毅剛胆の艦長」と評された。五十四歳で病死している。中学時代の五十六は、よくこの叔父から海軍内部の話を聞いていたというのだが、それが伏線になっていたのかもしれない。付け加えておけば、この野村貞に仕えたことがあるのが終戦時の首相である鈴木貫太郎であり、五十六は鈴木から叔父の軍人としての矜持《きょうじ》を確かめている。

野村貞が将来を期待されていた軍人にもかかわらず、十分に報われずに亡くなった話を耳にして、五十六の心中には複雑な思いが湧いたことは十分に想像される。

あえていえば、鈴木もまた官軍出身ではなく、薩摩主体の海軍の中で自ら人生を切り開いてきた軍人である。五十六は練習艦「宗谷」の艦長であった鈴木のもとで豪州への遠洋航海での候補生の指導にあたったこともある。五十六との間で肝胆相照らす面があったのは事実であろう。ここで太平洋戦争史を俯瞰《ふかん》しておけば、官軍系出身の軍人が始めた戦争を賊軍と言われた軍人が終息させたといった言い方もできる。その歴史的事実の背景や心理的意味を考えてみるべきだとも、私には思えるのである。

海軍兵学校時代の五十六は相当に努力を重ね、成績は上位に位置していた。入学時は上位五番以内にいたが、体力錬成に努めて日々自らの計画に基づいて小柄な体を筋肉質に変え、そのため一時は成績も落ちたのだが、卒業時には十一番であった。成績が決め手になる海軍では一応は成績優秀組に入った。この期の首席は堀悌吉である。五十六と終生の親友になる同期生だった。この期は三十二期なのだが、五十六、堀のほかに吉田善吾や嶋田繁太郎などがいて、いわば昭和の海軍を動かす重要人物を幾人か輩出している。とはいえ彼らの性格はそれぞれ異なっていて、五十六は太平洋戦争時の海軍大臣である嶋田に対しては、その考え方をはじめ、政治の動かし方に強い批判を持っていた。

その半面、堀は単に並外れた頭脳の持ち主というだけではなく、その思考は常に本質に迫るというタイプであった。そのためになかなか友人もできなかったというのだが、なぜか五十六とは気が合った。その理由は、私なりの解釈になるのだが、「軍事とは何か」の本質について、理解を共有していたためではなかったかと思う。

軍事は平和を守るために存在する

堀は軍事を学ぶにつれ、軍事の本質は人間性に反するのではないかと煩悶《はんもん》していた。そして、なぜ人間は戦争という手段を選ぶのかということを考えた揚げ句に堀が達したのは、軍事は平和を守るために存在するとの確信であった。つまりは日本軍の目指す軍事大国の思想とは一線を画する理念とも言えた。五十六と堀との友情は、このような理念の共有にあると私には思える。理念というのは誰とでも気軽に話せるわけではない。しかし二人の間では、こうした理念の共有のあらわれとして、宗教談議、漢籍の解釈、そして『万葉集』の防人《さきもり》、あるいはの武士《もののふ》の心理などが議論されたのではなかったか、と考えられる。

五十六は、青年期から『万葉集』を繙《ひもと》いている。むろんそこには堀との交流で学ぶ深い人間観や歴史観があったのだろうが、さらに論を進めるならば、軍人である前に一人の人間としての素養を大切にしていたといっていいであろう。明治期に教育を受けた海軍軍人の中にはこのようなタイプが少なくないことを、私たちは改めて知るべきである。この点は陸軍と異なっていて、五十六、堀のような軍人の系譜が海軍人脈の軸を形づくっていたことを理解しておきたいのである（この人脈は天皇側近として昭和の歴史を形づくってもいる。太平洋戦争下ではいずれも対米英戦反対、ないし消極的の側に立った）。

堀は昭和五（一九三〇）年のロンドン海軍軍縮条約締結時に、軍令部内の艦隊派に反対し、条約派として条約の履行を求める側についた。その後の艦隊派主導の海軍人事により、条約派は軍を追われるかたちになる。つまり海軍の常識派は軍から離れることになったのである。

話を戻すが、五十六が海軍兵学校を卒業したのは明治三十七（一九〇四）年十一月である。この時は日露戦争が始まっていて、山本は巡洋艦「日進」に乗り込み、海戦の一端を担うことになった。堀は戦艦「三笠」に乗るように命じられた。初の出陣であった。日進も三笠も、連合艦隊の主力、ないし中核であった。彼らはバルチック艦隊との海戦に参加している。

五十六はこの海戦で、日進の砲弾の爆発により「指二本切断」という傷を負った。さらに右足も負傷した。つまり五十六は戦争の傷を負い、その後の軍人生活を送ることになった。このことがどのように五十六の海軍人生に影響を与えたのかは定かではない。しかし昭和海軍の指導者として、日露戦争を実際に体験したことは有形無形の影響を五十六に与えたと言ってもいいのではないかと思う。

　五十六は青年士官として遠洋航海の体験を持ち、二等巡洋艦「宗谷」に乗り込むが、その折の艦長は鈴木貫太郎であった。鈴木は、五十六に特別の才能があるのを見抜いた。日ごろは寡黙なこの青年士官は、兵学校を卒業したばかりの候補生を不言実行を旨として指導するというのであった。そのうえで、「指導官会議に際しても容易に発言せざりしが一旦口を開けば論旨明晰主張強固にして其《その》意見は概《おおむ》ね採用せられたり」と書いている。この一文は、五十六が戦死したときに鈴木が回想を認《したた》めたのだが、その中の一節というのである（前出の田中書）。

　こうした資質が認められたのか、五十六は海軍大学校で学んでいる。この時代に、五十六は旧藩主の牧野忠篤《ただあつ》の命により、山本家を継ぐことになった。戊辰戦争で絶えた長岡藩家老の家を継いで再興せよとの要請を、五十六は断れなかった。山本を名乗るだけ、その他の条件はないという申し出に応じることになったが、このことは五十六にとって内心では不満だったように思われる。自分は高野家を守りたいとの強い信念が崩れてしまうからだった。とはいえ旧藩主の命令とあれば拒否はできなかった。

「今日より明日」「物より心」

高野から山本への改姓にも戊辰戦争の影があり、五十六の心中には複雑な思いがあったに違いない。いずれにしても、ここに山本五十六が誕生する。同時に五十六自身、三十代に入っていて、妻帯を勧められる日々でもあった。結婚に至るプロセスには、親友の堀らが尽力したようで、堀が私淑していた四竈孝輔《しかまこうすけ》大佐に相談して決まったと田中書にある。四竈は大正天皇に仕えた侍従武官でもあり、そのバランス感覚はきわめて評価が高く、堀が慕うのもそのような一点にあったというべきだった。

山本五十六はその系譜に連なる人脈にますます組み込まれていった。山本の伴侶は会津藩士の娘で、三橋礼子である。その父三橋康守は旧会津藩士の誇りを胸に官吏をやめて、酪農にその生を捧げた人物である。こう見てくると山本の周囲には官軍の血筋がいささかも入っていないことに気づかされる。もとより、山本の心中を戊辰戦争の意趣返しとか、その怨念のみで分析するのは誤りである。それを承知で言うのだが、山本の周辺には奥羽越列藩同盟の影が幾重にも覆っていることが理解できる。

太平洋戦争に突入していく強硬派には、官軍出身の軍人が多い。陸軍はそう簡単には言えないのだが、こと海軍に関してはこのことが言えるのだ。山本と共に三国軍事同盟に強硬に反対した海相の米内光政は賊軍とされた盛岡藩出身で、軍務局長の井上成美は仙台市出身で旧幕臣の子である。そう見ていくと、山本を単に海軍の軍人として見るだけでなく、明治以降の歴史のなかでの屈折した感情を通して見なければならないとも言えるように思う。

長岡藩に限らず、戊辰戦争で朝敵の汚名を浴びた奥羽越列藩同盟の各藩は、人づくりに力を入れた。歴史上でよく知られている「米百俵」の逸話がある。長岡を救おうと支藩の峰岡（三根山）藩から米百俵が届けられたが、藩の指導者である小林虎三郎はこれを藩士に分け与えるのではなく、藩の進む道は教育にあると、米の代金や寄付金を合わせて長岡洋学校を設立したのである。これがのちの長岡中学校になった。

このことは二つのことを教えている。一つは、目先の欲求より将来の可能性（教育）を大切にしろとの教えだ。そしてもう一つは、耐えることが必要な時は耐えろという覚悟である。この二つを通じて言えるのは、「今日より明日」「物より心」ということになるのではないだろうか。山本を律していた人生観とはこの点に尽きたのではないだろうか。そしてこれがもっとも大切なのだが、太平洋戦争そのものの中でこの二つのことが真に理解されていれば、日本は別の道を進み得たはずなのだ。

改めて見ていくと、太平洋戦争以前の大正期に、日本の軍事が常識の枠にとどまっていたのは、この二つのことが理解されていたためと思われる。そのことを裏づけるために、大正期から昭和への時代に、山本がどのように身を処したかをよりつぶさに見ておくことが必要である。

新時代の海軍軍人への期待

明治四十（一九〇七）年に軍部が作成した「帝国国防方針」は、日露戦争後の国際情勢に日本がいかに対応していくかを示していた。陸軍はロシアを、海軍はアメリカを仮想敵国にして軍備を充実することになった。実際に日本海軍がアメリカ海軍と対決しなくとも、軍備を充実させるためにアメリカのレベルを意識しようというのがその意図するところであった。むろんこの時期の海軍軍人は、そのことをよく知っていた。

しかし時代を経るにつれ、ペーパー秀才はそんなことを考えずにアメリカを本気で敵視するようになっていく。山本にとってその錯誤は腹立たしいことであったろう。確かに日本海軍が想定する戦略はアメリカ海軍の艦隊を日本に近い太平洋の一角で待ち受け、攻撃するといった作戦でもあった。そういう戦略はあくまで想定であり、決して現実になるとは明治、大正の軍人は考えていなかった。結果的に山本は、その戦略から抜け出た稀有の戦略（真珠湾攻撃）を選択したといってもよかったのだ。

山本にとってその人生が広がっていくのは、大正八（一九一九）年四月から十年七月までの、ワシントンでの駐在武官の体験が大きかった。海軍大学校を卒業してわずかの期間に、海軍省軍務局を体験するのだが、そのあとのことである。ただしこの期間は、駐在武官としての軍事に関する仕事に携わるのではなく、ハーバード大学で英語を完璧に身につけるという命令を受けたのである。山本にとってこの事実は、二つの役割が期待されたことを意味する。その二つとは以下の点である。

（一）仮想敵国に精通する新時代の海軍軍人の見識。
（二）軍令より軍政に向く政治的将校としての役割。

このタイプは、いわば海軍としての基本的な政治的立場を練り、そしてその実行に当たる軍官僚の道を歩むといってもよかった。青年時代の山本にはそういう役割が与えられていたのである。

アメリカ駐在中の山本にとって、この時の学習の目的はひとつの語学をマスターする点にあったが、実際に山本は他国の留学生に交じって英語の習熟に努めた。上達は早く、二年近くの留学生活で会話も可能になり、新聞や専門の書籍も読めるようになった。山本は確かに生来頭の良いタイプで、知識の吸収力に優れていた。留学生活はそれを実証することになった。

戦争という選択はどの国にも幸せでない

日本に戻った山本には、アメリカで学んだ知識を後輩たちに伝える役割が与えられ、海軍大学校の教官というポストに就いている。この折に山本は、日本海軍の将来のヴィジョンとこれからの戦争の姿を具体的に語り、時代が激変しつつあることを後輩の学生たちに伝えている。そのような講義内容に、学生たちは納得している。

特に山本は、「今後の戦争は航空戦備の充実にかかっている。それのためには石炭時代からは変わって、石油の確保が主要なテーマになる」と繰り返し語った。日露戦争に勝利したのは大艦巨砲主義のゆえであるとして、それに異を唱えるのが難しい時代に、山本はまったくとらわれずに自説を主張した。海軍大学校に身をおく前に山本は特に希望して、霞ケ浦の航空隊に配属を願い出て短期間、日本の航空戦備の把握に努めている。アメリカの航空戦備と比較して、あまりの脆弱《ぜいじゃく》さに驚いている。山本が自ら航空畑の専門家になろうと覚悟したのは、アメリカ生活の賜物であった。

大正三年から七年までの第一次世界大戦は、戦場の悲惨さが叫ばれ、一時的ではあれ国際間に戦争への忌避感が生まれた。しかしこと海軍に限れば、〝海軍国〟の建艦競争は激しくなった。この中心軸はアメリカ、イギリス、そして日本であった。これらの国々はそれぞれの事情により海軍大国を目指していて、国際間で建艦競争が続いている状況でもあった。

この建艦競争に終止符を打ち、軍縮を説く声もあった。これには、戦争という選択はどの国にとっても決して幸せではないとの認識があり、それを土台にしての論議であった。第一次世界大戦の終結以後、まず大正十年にワシントン海軍軍縮会議が開かれ、日本の戦艦、航空母艦など主力艦の保有量はアメリカのほぼ六割とされた。日本の主張は七割という点にあったが、それは列強の間では認められなかった。この時の建艦競争の内実は知れば知るほど異様であった。

第一次世界大戦後、アメリカは十六隻の巨艦を建艦中であり、イギリスは十三隻の建艦計画のうち四隻を建艦中、そして日本は八隻の建艦を進め、さらに八隻の計画を持っていた。主要三カ国のこうした建艦競争は、「一隻の平均建造費は、現在（保阪注・昭和五十二年）に換算して約四千億円」になったというのだ（実松譲『あゝ日本海軍』下巻）。山本はこのワシントン会議に一随員として出席したのだが、特に発言を求められるという立場ではなく、会議の様子を静かに見守る側にいた。しかし国際会議の雰囲気だけは身につけた。

その後、この会議で未解決だった巡洋艦以下の補助艦艇の比率もいま一度国際会議で決定することになり、昭和五（一九三〇）年一月に、ロンドン海軍軍縮会議を開くことが決まった。参加したのは前回と同じ米英仏にイタリアと日本が加わった。日本の首席全権は若槻礼次郎、第二全権に財部《たからべ》彪《たけし》海軍大将などが決まった。山本は海軍側の代表の一員としてこのメンバーに加わった。この会議には各国のそうそうたるメンバーが集まっていた。日本はこの会議で、補助艦の対米比率七割、八インチ砲巡洋艦も七割、それに潜水艦も七万八千トンの確保、を目指していることを主張した。日本は、米英との七割でなければならないと譲らず、結局は日本とアメリカの対立が会議の中心テーマとなった。

徳川家康を例に和合一致を説く

日本の代表団の中には、反米的な意見もあり、むしろ山本はそれをなだめる役割を果たした。山本は、この時に徳川家康の巧みさを例に出して説得したというのだ。戸川幸夫の『人間提督 山本五十六』にそのあたりが紹介されている。大要次のような言で随員をなだめたという。

「家康は、豊臣家を滅ぼすには難攻不落の大坂城をまずは役に立たないものにしなければダメだと考えた。だから一度は笑顔で和平を行った。そうなると堀は要らないと豊臣側は城を丸裸にしたんだ。つまり蟹のハサミをもいでから押さえつけたわけだ。そして豊臣を滅ぼした。いまアメリカ、イギリスのやり方はこの方法なんだ。気をつけなくては……。ただ大坂城側にも問題があり、それで落ちたとも言える。それは内部対立があったからだ。いま我々に必要なのは和合一致だよ」

ロンドンでの代表団内部では和合の精神でまとまり、結果的に交渉は難航しつつも日本の主張する「対米七割」にほぼ近づいた案が認められ、この軍縮会議で調印することが決まった。

しかし国内では軍令部長の加藤寛治や次長の末次信正らが、これでは日本の国防に自信が持てないと言って譲らず、激しく反発した。ここに海軍内部に艦隊派（ロンドン軍縮会議に不満を持つ反米的なグループ）と条約派（この条約を順守する対米協調派）との対立が起こり、海軍は一枚岩ではなくなっていったのである。

海軍内部が一枚岩ではなくなるのは、その後の海軍の進路を極めて狭いものにしていった。山本の親友であった堀悌吉のようなバランスのとれた軍人は予備役に追い込まれたのである。そのことは山本が説く和合一致が崩れていくことにもなった。

山本はロンドンから戻ると、新たに海軍航空本部の技術部長に就任した。この時から、昭和十一年十二月に海軍次官になるまでの間、一貫して航空畑を歩み続けた。あえていうなら、この期間に山本の持つ先駆性が余すところなく発揮された。日本の航空戦備は著しく整備されたのである。加えて山本は石油資源をどのような形で確保していくか、そのことについては誰にも負けないほどの研究を続けた。石油に関する各種の情報や産地のニュースの入手、製油所の視察、石油関係の史料精読、そしてアメリカの新聞を丹念に読みつづける。そんな生活を通して航空戦略の知識を己《おの》がものにしていった。

海軍内部には山本の説く航空戦略がどの程度有効性を持つのか、疑問を持つ者も少なくなかった。戦艦に太刀打ちできるのか、あるいは航空母艦の搭載機はまだ攻撃力に優れているとは言えない、という声に、しかし航空畑の各部門は日一日と進歩している、いつか主戦兵器になるだろう。山本はそういう話を繰り返して語り、ワシントン軍縮会議での「五：五：三」のアメリカ、イギリスとの比率を補うのは航空戦備だと執拗に説いた。そのために今後は石油の備蓄が必要になるだろうとも主張したのである。

「山本の考えはおかしいのではないか。航空機というのは海戦の補助手段であり、それが主戦の前面に立つというのは、間違いだ。戦の基本は戦艦同士が戦うのであり、これは近代戦でも当たり前の戦術である」

山本は「紳士的な交渉相手」

山本はそんな意見にも決して譲らなかった。自説の正しさを信じ切っていたのである。技術部長のポストにとどまっているときに、山本は日本（海軍）が欲している飛行機を作ってほしい、と積極的に技術陣に要求を突きつけている。たとえば九試中型陸上攻撃機だが、これは日本で初めての双発単葉引込脚で、胴体は細長く、飛行距離もスピードも優れている攻撃機であった。この機はのちに「九六式陸攻」と呼ばれるのだが、山本が海軍の航空本部長に就任すると、量産体制に入っている。この機を持つことで日本はアメリカ、イギリス並みのレベルに達したと言われるようになった。

これは山本の功績であった。山本は航空本部技術部長と本部長の間に、ロンドンの軍縮会議の予備交渉の首席代表に推されて交渉の中心に立った。この交渉は昭和九年十月から始まった。昭和五年のロンドン軍縮条約が期限切れになるので、その下交渉を行おうというのである。この条約がなくなれば、建艦競争は歯止めがなくなるというのが各国の不安であった。それを防ごうというのである。山本はアメリカ、イギリスの代表たちに論戦を挑んだ。航空母艦は不要であり、廃止してもいいのではないかと主張したのである。むろんここには将来は戦力の中心になるのが航空だとの認識があった。航空機による一大決戦を想定してのことだった。しかし両国とも航空主体の戦争との認識はまだ持っていなかった。

山本のその申し出に実はアメリカのデイビス代表は、「アドミラル山本は、たしか空母赤城の艦長をされていたし、航空戦隊の司令官などもされたと記憶しているが、その航空畑の貴下から、空母廃棄の意見を伺おうとは意外ですな」と冷笑したというのである。その時の山本の反論は、確かに航空母艦は飛行機よりも戦闘の中心であったが、これは被害を拡大させると思う。人類に不幸を与えるのは航空母艦のほうである、との見解であった。

戦争はやむを得ぬ、しかしできるだけ不幸な形でなく行われるべきだ、航空母艦は不幸な兵器だというのが持論であり、それを伝えたのである。デイビスは「アドミラル山本はマークしなければならない人物だよ」と洩《も》らしたというのである（前述の戸川書による）。会議以外の場で山本はアメリカ、イギリス代表とポーカーに興じたとのエピソードも残されている。

両国の代表団は、山本を「紳士的な交渉相手」と認め、発言のわかりやすさ、大言壮語しない話しぶり、などを認めて、「日本の海軍には政治的に優れた人物がいる」との評価を持った。これが真珠湾攻撃以後の「短期決戦、早期講和」の伏線になり得たのである。

対米強硬論の重用を憂える

山本五十六がロンドン軍縮会議（第二次）予備交渉の代表になったのは、本来ならこうした代表には大将クラスが就くのだが、山梨勝之進らが海軍を離れていたためだった。昭和五年のロンドン軍縮会議時の条約派と艦隊派の対立により、その後の人事異動で条約派の海軍良識グループともいうべき軍人たちが追われたのである。山本の私淑する人物や親友の堀悌吉らが予備役となった時の山本の怒りは深く、堀に対して書簡を送り、「海軍の前途は真に寒心の至《いたり》なり。如此《かくのごとき》人事が行はるる今日の海軍に対し之が救済の為努力するも到底六《むず》かしと思はる。矢張山梨（勝之進）さんが言はれし如く海軍自体の慢心に斃《たお》るるの悲境に一旦陥りたる後立直すの外なきにあらざるやを思はしむ」と書いている。

山本は、海軍の人事が常識派ともいうべき人たちを追い出し、ひたすら対米強硬論に傾く一派を重用する危険性を憂えていた。山本は海外での軍縮会議では、時に日本側の強硬論を主張し、いたずらにアメリカやイギリスの示す案に賛成するわけではない態度をとっていた。そういう姿勢は日本代表にふさわしいとの声が海軍内部にも多かった。しかしこの予備会議のアメリカ代表はスタンドレー大将、イギリスがチャットフィールド大将と分かると、「山本は少将で、しかも中央の要職に一度もついたことがなかった。山本に責任はないが、日本の対応は国際的礼儀を欠き、日本の軍縮に対する投げやりな姿勢を表している。海軍は大慌てで人事手続きを進め、十一月十五日、山本を現地で中将に進級させた」（田中宏巳『山本五十六』）という一幕もあった。実際にこの会議での山本の弁論は、必ずしもアメリカやイギリスと共に軍縮に向かおうという姿勢ではなかったのである。

山本の主張は、各国を驚かせた。というのは主力艦や航空母艦を制限するとの内容が含まれていたからだ。各国とも保有トン数を決めて、その中で自由に保有艦数を決めればよいと補足したのである。むろん山本がこのような提案をすること自体、その理由があった。実は山本には、ワシントン軍縮条約の破棄、ないし撤廃を国策とする旨が伝えられていたのだ。日本はこうした条約に拘束されずに海軍兵力を拡大したいという思惑があった。各国は、日本のそういう姿勢を見抜き、予備会議は結論を出さずに休会となるのだが、山本のこの代表という立場は日本国内では一定の評価を受けたにせよ、国際社会では頑迷な日本の代表と見られた節もあった。それは山本には不本意というべき評価であった。

山本が航空母艦などの削減、あるいは縮小を主張したのは国の方針を主張したともいえるが、同時に航空戦力に切り替えるために戦艦時代に別れを告げるべきとの信念もあったのだ。しかしそのことはまったく口に出してはおらず、山本の意図は詳しく知られているとはいえなかった。

国際的に孤立を深める日本

予備会議は結論を出さずに休会となり、軍縮は現下の国際情勢のもとで決して容易なことではないと受け止められた。この本会議は、休会からほぼ一年後の昭和十年十二月にやはりロンドンで行われた。これには軍事参議官だった永野修身が代表となって赴いている。永野は何度も、山本に随行してほしいと頼むのだが、山本は頷《うなず》かなかった。

山本にすれば、もう会議の方向は条約脱退と国の意思も固まっているのになぜ、自分がそれを伝えるだけの役割を引き受けなければならないのかと不満だったのである。山本の断り方は、再度の要請を受けても決して引き受けないとの決然とした口ぶりであった。

この本会議で日本は軍縮会議の脱退を通告して軍縮時代から軍備無制限の時代への先導役となった。昭和十一年一月十五日である。これにより第一次世界大戦終了時のワシントン軍縮条約、さらには昭和五年のロンドン軍縮条約も全て意味を失った。つまりこれ以後の国際社会は「無条約時代」へと一転したのである。日本が巨大戦艦「大和」などの建艦に入ったのは、まさにこうした時代の象徴ともいえた。

すでに日本は昭和八年三月に柳条湖事件をめぐるリットン調査団の報告書が国際連盟総会で採択されたことに反対し、連盟を脱退していた。国際的には孤立を深めていたのである。そして海軍兵力の制限なき時代への舵取《かじと》りを担った。日本の進む道は自ずから決まったというべきだろう。

この軍縮会議への脱退通告からほぼ四十日後に二・二六事件が起こっている。これは陸軍の青年将校によるクーデター未遂事件だが、日本社会の歪みはこうして国の内と外の両面からの動きによって加速していった。ヨーロッパでのナチス政権に呼応する勢力が、陸海軍の内部から肥大化してくるのも当然だったといっていいように思う。現実に日本とドイツの間には日独防共協定が結ばれていく。これが昭和十一年十一月二十五日であった。

山本は、「大和」や「武蔵」といった超大型の戦艦の建造に特に反対しているわけではなかった。むろんその軍事観からは納得できなかったろうが、海軍内部では依然として大艦巨砲主義が力を持っていて、山本のように航空戦略をもとにした戦略の組み直しを求めるグループは若手の軍人に広がったとはいえ、多数派とはいえなかった。航空戦略がやがて大型戦艦を制するという論が主流になるには、あまりにも勢力が弱かった。

そのことは山本に火をつけた。逆境に置かれれば置かれるほど、山本は闘いの姿勢を明確にした。そのような怒りは海軍を離れた親友の堀悌吉への書簡が示している。

軍事主導体制下で次官に就任

昭和十一年十二月、軍縮条約が失効する。あえていえば日本社会は政治、経済、外交などあらゆる面で戦時体制に向かうことになるのだが、この時代に生きる山本の姿勢は、いわゆるファシズム体制に距離を置く姿を貫くことになる。広田弘毅内閣のもと、山本は海軍大臣の永野修身から海軍次官への就任を要請される。永野とすればこれからの時代に山本の能力が必要とされると読んだのであろう。これは私見になるが、永野は次のような見方で山本の助力が必要だと考えたのではないか。

(一) 各国との建艦競争に伍していくのに海軍内部の一本化が必要である。
(二) 国際社会での山本の評価と各国の海軍要人との接触の深さ。
(三) 軍政畑で育っているがゆえに国内の政治情勢にも精通している。
(四) 永野自身は万事大まかなところがあるが、山本は緻密さを持っている。

といったところが、山本の政治への登場を促したのではないかと私は考えている。永野だけでなく、海軍内部にはこうした見方が行き渡っていたとも思われる。

さらに私見を付け加えておこう。山本の前任者は長谷川清である。長谷川は日露戦争の時代に旗艦「三笠」に乗艦していて東郷平八郎や参謀の秋山真之らのもとで末端の伝令役を務めていた。その軍人生活も抑制の利いた姿勢であり、陸軍の強引さにはいつも不快感を隠さなかった。これは戦後のことになるのだが、昭和五年のロンドン軍縮条約締結の折に、統帥権干犯が騒がれたが、そういうならばあの時に大日本帝国憲法の改正を行うべきで、そうでなければあのような主張はおかしかったとの自説を述べている。

山本の次官就任は、長谷川の推薦によるものだったのではないか。長谷川が永野に進言して、永野は即座に頷き山本を説得したようにも思えるのだ。永野は、渋る山本に「そんなに自分が嫌いなのか」と詰め寄り困惑させている。つまりは山本もこの役を引き受けざるを得なかった。山本は、航空本部長として航空戦略を練っていたいという希望を捨てるしかなくなるのである。

山本の人生が変わるのは、この時からだと言っていいであろう。

山本の海軍次官時代は、日本の歴史がより明確に軍事主導体制へと完成していく時にあたっていた。陸軍が露骨に政治に口を出し、内閣の人事に容喙《ようかい》し、そして予算の膨張を要求していくのである。広田内閣が倒れたのは、山本が次官に就任してわずか一カ月ほどである。陸軍のゴリ押しで倒れたといってよかった。このときの内幕について、山本はのちに元老西園寺公望の秘書原田熊雄に、問われるままに答えている。その内容を説明すると以下のようになる。これは原田の『西園寺公と政局』の該当部分をもとにまとめたものである。

軍部が首相を傀儡にすることへの危機感

〈広田内閣が軍部のいうことに十分耳を傾けない。これでは倒閣以外にない。海軍は倒閣に賛成するかと陸軍側に問われたが、賛成しないと答えた。しかし結果的に陸軍の策謀で倒れた。やがてだが、陸軍の意思を代弁するかのように林銑十郎内閣ができた。この海軍大臣には米内光政がいいと伝えた。もし艦隊派の人物（例えば末次信正や加藤寛治）をつけるようなら海軍の人事は偏った形になり、海軍の総意というのが歪んでしまうだろう。何としてもこの事態は防がなければならない〉

山本のこのバランス感覚が海軍を救うのだが、現実にこの教訓は守られてはいかなかった。確かに林内閣には海軍大臣として米内が座り、そして海軍省の軍務局長には井上成美が就き、米内、山本、井上というトリオで海軍を動かすことになった。中軸を担ったのは、山本だったのである。

このトリオが歴史上で試される形になったのは三度ある。一度は日独伊防共協定を三国同盟に格上げしていくときの態度、そしてもう一度がこの期に起こった日中戦争への対応であった。三度目の三国同盟については次章で触れたい。日中戦争に対する海軍の態度には極めて曖昧なところがあり、これは政治将校としての山本の減点になる意味を持った。盧溝橋事件を発端にこの戦争は始まり、海軍は一部の航空作戦を担当することになった。しかし少しずつ作戦に齟齬《そご》をきたすようになった。陸軍側は大本営の設置を求めてくる。単に関係部門が調整するだけの作戦計画では十分ではないというのである。

現実に日中戦争は日本の行く末を占うことになるのだが、海軍はこの戦争については深くは関わらない方針を取りつつ、しかし航空戦略では大胆な作戦活動を試みている。山本はそうした作戦そのものに直接責任を負う立場ではなかったが、山本の航空本部長時代の戦略が試されることになった。その意味では責任を負う形にもなっている。

大本営設置が論議された時に、このメンバーに政府の閣僚を入れるべきか、それとも軍令の代表だけで構成されるべきかが論じられた。山本は総理大臣を入れて形だけの文民という形式にして、実際は軍部の思う方向に進めるのであれば、それは意味がないと強く反対した。この論は極めて複雑な意味を伴っている。

山本は形式だけを整えて、その実内容が伴っていないことを批判していたのである。軍事に精通していない文官を加えることで体裁は整う。ところが文官が出席しているといって、その決定に責任を持たせるのはファシズムそのものだとの批判であった。軍部がいくらでも首相を傀儡《かいらい》にできるとの不満をあらわにしたのである。

結局日中戦争が始まってから四カ月ほどあとに、大本営の設置は法的に決まった。山本が主張したように政府は入らないことになった。代わって「大本営政府連絡会議」が常設される。ここで大本営の戦術、戦略が練られ、戦争指導が一本化されることになる。これ以降、政府の見解はことごとく無視されることになったのである。

第一章 三国同盟と暴力の時代

腹切り問答と陸軍の横暴

　山本五十六が海軍次官を務めたのは、昭和十一（一九三六）年十二月から十四年八月までである。二年九カ月であった。これは、昭和のファシズムが次第に暴力化していく時期でもあった。この暴力は単にテロとかクーデターのような直接的な形だけでなく、暴力的な威圧や脅迫まで含まれる。

　山本が特にターゲットになったのは、海軍内部では条約派であり、艦隊派に鋭い批判を持っていたからだ。加えて山本の持論である、これからの時代は航空戦略の時代だとして切り替えを主張することが、艦隊決戦にとらわれている参謀たちには目ざわりだったとの見方もできる。海相の大角岑生《みねお》により条約派が一斉に予備役に追われたときに、山本の親友の堀悌吉も睨まれる形でその中に組み込まれた。激高した山本は、それでは俺も辞めてやると口走った。実は海軍内部には、この際山本も追い出せとの声もあった。

　その山本を、「お前まで辞めたら奴らの思う壺じゃないか」と堀は制している。昭和海軍という枠組みで山本を位置づけるならば、次官時代にもし陸軍と共同歩調を取り、三国同盟を容認してさらに艦隊決戦を黙認したならば、まぎれもなく海軍大臣に就任したであろう。やはり同期だった嶋田繁太郎のような軍人生活を送ったに違いない。ただしその場合、山本の名は愚将のリストの中で語られることになったであろう。そうならなかった理由は、たった一つであった。山本は信念を持っていたのであり、それを曲げない人生観の持ち主だったからである。

もともと永野修身海相と山本次官のコンビは広田弘毅内閣のもとでスタートを切った。この内閣のときに陸相の寺内寿一と浜田国松が昭和十二年、衆議院で腹切り問答を行う。浜田が軍部独裁の政治潮流を批判し、これに寺内が反論、浜田は自分の発言が軍を侮辱したなら割腹して謝罪するが、そうでなければ君が割腹せよ、と迫った。軍部を批判したとして寺内は浜田の除名や衆議院の解散を要求するに至ったのである。これに政党から出ている閣僚が反対を唱え、永野も歩調を揃えた。むろん永野を動かしていたのは山本であった。山本にすれば議会にことあるごとに口を挟む陸軍は、まさにファシズムを目指しているとしか思えない。解散というのはあまりにも陸軍の言いなりになっていると思われてしまう、広田内閣総辞職が適当ではないか、と山本は永野に進言した。この後も宇垣一成が首相候補に挙がったが、陸軍のゴリ押しで組閣ができない。では、というので陸軍出身の林銑十郎内閣が誕生した経緯がある。永野はこんな情勢に嫌気が差したのか、辞職してしまった。そこで山本は海相に米内光政を据えようと永野を説得した。

「陸軍の横暴をチェックするのは海軍の役目じゃないですか。温厚な人物よりも米内さんのように駆け引きを嫌い、真正面から正の側に立ってこそ真の勇気です。米内さんとは砲術学校で共に教えていた仲間ですから、そういう性格はかなり貴重だと思えます」

三国同盟の軍事同盟化に抵抗

山本は信念、理念をもって、永野に膝詰め談判した。その経緯をなぞっておくと、米内はこのとき、連合艦隊司令長官のポストに就いてまだ三カ月ほどであり、内心では離れたくはなかった。山本は、米内のもとに飛んでいき、説得を続けた。このときの説得には、例えば戸川幸夫の『人間提督 山本五十六』によると、次のような論理が持ち込まれたとある。

「あなたを大臣に推薦したのは私ですよ。余計なことをすると思われるかも知れないが、いま本当にあなたを必要としているのは連合艦隊ではなくして、日本国家なのであります。（略）いま一歩を誤れば国家は大変なことになります。（略）もちろん私は、あなたの下で次官として粉骨砕身します」

山本のこの口説き文（戸川書が記したニュアンス）は、米内の心を打った。米内は「それほど君が言うなら」と承諾したというのである。私は二人には、長岡出身と盛岡出身の、つまりは賊軍としての親近感があったと思われるのだ。とにかくこうして米内、山本コンビが誕生した。しかし林内閣もまた短命であった。陸軍の政治将校たちは、まったく政治力のない林をあっさりと潰してしまった。わずか四カ月しかもたなかったのである。そして日本社会で期待の大きかった近衛文麿に組閣の大命が下り、第一次近衛内閣が誕生した。元老の西園寺公望は日本を混乱から救い出すのは近衛しかいないと期待していたのである。

第一次近衛内閣は、天皇周辺にあって陸軍を抑えて軍部との仲介の役を果たしてくれる人たちを探していた。しかしそのような人物は見当たらなかった。結局は米内と山本がその役を果たさなければならなかった。二人にその責任がかなりの比重でかぶさってきた。二人のコンビができ上がってからは、日中戦争への対応、日独伊防共協定が三国同盟へと軍事同盟化していくときに、その方向に待ったをかける形で抵抗したのは事実であった。食い止めることはできなかったのだが、二人にその責任を問うのは酷であろう。同時に二人の路線は、陸軍の強引ともいうべき直線型の国策づくりに不快感を隠していなかったと確認しておくべきだろう。

しかし海軍の総意は常に陸軍のそうした国策に同意していく形になっていったのが、昭和十年代の日本の姿であった。

一例を挙げよう。昭和十三年八月のことである。陸軍の指導部は、ドイツ側から密《ひそ》かに提案され、それに全面的に応じているドイツ駐在武官の大島浩からのメッセージをそのまま国策とすべきと、海軍に打診する。このメッセージには三点の重要な柱があった。日本、ドイツ、イタリアの三国が、第三国から「攻撃を受けたる場合においては、他の締約国はこれに対し武力援助を行なう義務」があるとの項目が盛り込まれていたのである（実松譲『あゝ日本海軍』下巻）。このときに米内や山本らの海軍指導部は、武力援助などでの自動的参戦は納得できないと反対している。しかし「防共協定の延長としての強化案には反対でないという」（実松書）態度であった。結果的にこうした態度が、陸軍を増長させたと言ってもよかった。

米内は板垣に強い口調で反論した

陸軍の三国同盟強化の意図が、日中戦争が泥沼化していくのに対応するためだと次第に米内や山本は気づき、それからは様相が変わっていく。特に山本がそうだった。

山本は、ドイツ側から大島に示された三条件の案に、陸軍側が原則的に同意と伝える段階で、この不安を持った。日中戦争の解決は重要な国策ではあるけれど、それは陸軍がまず具体的にその方向で考えるべきであり、主導権は陸軍にあるとの姿勢であった。

私は、この期に米内の秘書官を務め、山本と共に米内を支えた実松譲に、昭和五十年代に何度も会っては海軍内部の様子を確かめた。東京・小金井市にある実松宅に通い、海軍がなぜ太平洋戦争に踏み切ったのか、山本の胸中を知る実松はどのような思いで山本を見つめたのか、そして実松自身が日米開戦時にワシントンの日本大使館で海軍の駐在武官として勤務していた時のアメリカ国民の感情についても多くのことを聞いた。晩年の実松は脳出血で倒れ、肉体上の不自由を抱えていたにもかかわらず、親切に、丁寧に、そして自らの体験を教訓化して、いろいろ教えてくれた。私にとっては、まさに師ともいうべき存在だったのである。戦後、実松は自らの体験をありのままに著述という形で表し、その著作は五十冊近くに及んでいたのではなかったろうか。私にとっては文筆に関しても大先輩だった。

実松は米内と山本に対する畏敬の念を崩さずに、丁寧に教えてくれた。この頃（つまり昭和十三年八月のことだが）に米内は陸相の板垣征四郎と、個人的に五時間半にわたり、ドイツ側への回答を巡り、特に「自動的参戦」について論争しているという。

「そのメモが残っています。私の書にも引用してありますが、そこには八月二十一日にこの問題について、午後六時より十一時半まで話し合ったが、意見は一致しないとあります。日ごろはそれほど饒舌《じょうぜつ》ではない米内さんが珍しく板垣さんと論争しています。山本さんと共有していた憂国の信念だと思いますね」と証言していた。

小金井の自宅応接間で取材に応じた実松は、淡々とその歴史的事実を明かした。その口ぶりは今も私の耳に残っている。

米内は板垣に対して、強い口調で反論している。むろんこれは山本と打ち合わせてのことである。重要な問答は次の点である。

米内　陸軍においては、日独伊防共協定を攻守同盟にまで進展せしめんとするがごとき企画を有するが如し。果たして然るか。

板垣　大体においてその希望を有す。

米内　ソ英を一緒にして、これを相手とする日独伊の攻守同盟の如きは絶対に不可なり。余の見解を以てすれば、英国は現在のところ、支那問題以外に日本と衝突するが如きことなし。日本の支那に対し望むところは「和平」にして、排他独善の意志を有せず。（略）日本は支那に権益を有せざる他国と結び、最大の権益を有する英国を駆逐せんとするが如きは一の観念論にほかならず。（以下略）

その上で「英米を束にして向こうに廻す」の愚を説いている。確かに正論である。米内は山本の意見をほとんど取り入れた形になっていたというのである。

右翼を使って山本を脅した陸軍

この米内と板垣の秘密裏に行われた会談は極めて重大で、ここに陸軍と海軍の本質的対立の論点が見えていた。こうした対立は、その後の推移で次第に曖昧にされていった。山本は、米内の反対、あるいは消極的な態度を後ろであやつっているとして陸軍から恨まれていった。この背景には海軍部内に枢軸派の参謀が増えたことがあり、まさに下克上の様相を呈し始めていたのだ。

日中戦争は、この年（昭和十三年）一月に「爾後《じご》国民政府（蔣介石）を対手《あいて》とせず」の近衛声明があり、長期戦への様相を濃くしていく。海軍は主に航空戦でこの戦争に入っていた。済州島、台湾、九州などの基地から陸上攻撃機が上海、南京、杭州などの主要都市を爆撃しているが、中国軍の地上砲火などにより凄まじい反撃も受けている。中国軍はそれまでドイツ軍などの支援によって多くの点で整備されていたのである。こうした状況下で、山本は改めて航空戦の時代であることを認識している。

日中戦争では山本は、戦時下に起こる外交上の問題にも向き合っている。国際派ともいうべき立場での役割だった。特に重要な事件として、「パネー号事件」（昭和十二年十二月）がある。

この事件は海軍航空隊が、揚子江を走る商船が中国兵の輸送の役割を果たしているとの報に接し、航空機で爆撃を加え、機銃掃射を浴びせた事件である。しかしこの中に、アメリカの砲艦パネー号と石油会社の所有船があった。日本はすぐさま謝罪し、内部でも処罰を行った。アメリカ世論は日本の違法行為に対して怒りが高まり、激高する論が広まった。

山本は徹底した調査を進め、これは戦時下の誤爆であるとの立場から、国際的な了解が得られるような結論を出して、駐日アメリカ大使館に謝罪と正確な調査内容を伝えに出向いている。このことでアメリカ側も納得し、厳しい態度を変えた。山本の誠心誠意の謝罪が認められたということになるだろう。この問題は昭和十三年四月に賠償金を払うことで決着がついた。四カ月で解決したのは山本の政治力でもあった。

山本の海軍次官時代はわずか二年九カ月であったが、山本は日々仕事に追われる身であり、こうしてその政治力を試され続けた。そしてその後半には徹底して三国同盟を目指す陸軍との間で抜き差しならぬ関係になっていったのである。

近代日本の思想が投入された人物

東條英機、山本五十六、石橋湛山と三人の名を並べて、この三人にはたったひとつの共通点がある。昭和陸軍の指導者、太平洋戦争の開戦責任者が東條、生粋の海軍育ちの軍人で、志に反して真珠湾作戦を主導した知米派の山本、明治期から言論活動を始め小日本主義を唱えた言論人で、戦後は政治家に転じた石橋。三人の間にはなんらの共通点もないかに見える。

たったひとつの共通点といえば、三人とも明治十七（一八八四）年の生まれなのである。この年代は十歳のころに日清戦争、二十歳のときには日露戦争に出合っている。明治の終わりから大正、そして大正年間はまさにそれぞれの集団の中堅として、日本の政治、軍事に大きな影響を与えた。近代日本を俯瞰したとき、三人はそれぞれの分野で大きな影響力を持つ人物に育ったが、それは彼らの中に近代日本の思想や哲学がなんらかの形で投入されたからだった。

山本五十六は、海軍という軍人世界の中で独自の価値観を身につけて育った。前述したように、私が山本の実像を正確に確かめ得たのは、昭和十二年十一月に海軍省副官で、海軍大臣・米内光政の秘書官役を務めた実松讓の証言を数多く聞いたからだった。

日中戦争が始まったあとに、海軍大臣として実権を振るった永野修身、その永野に代わって就任した米内光政の秘書官ということは海軍次官の山本五十六、そして海軍省軍務局長の井上成美の副官、秘書官役も務めるとの意味であった。実松は主に米内やその配下としての山本や井上と日常的に接し、まさにそのありのままの姿、つまり歴史の波に翻弄《ほんろう》された米内、山本、井上らの姿をより正確に知っているということであった。

実松の陸軍への批判は鋭く、とくに東條に対してはきわめて批判的であった。情報分析の誤り、決断の錯誤、権力の私物化などについてはことさら厳しかった。実松は戦後になってそのような批判を行ったのではなく、昭和十年代には一貫して東條に代表される陸軍の指導者の視野の狭さに注文をつけていたとも補足していた。陸軍の指導部に対する「視野の狭さ」という批判は、米内・山本・井上トリオの共通の感情でもあったと言い、そのことを三国同盟締結を例にとりながら説明を続けた。

実松が海軍大臣の副官兼秘書官となってからは、ちょうど陸軍が三国同盟に傾いていくときで、海軍内部の親独派と手を結ぶ形で、このトリオは苦境に追い込まれたという。とにかく米内、山本、そして井上は、三国同盟の名の下にドイツのヒトラー、イタリアのムッソリーニと手を結んで、ルーズベルトのアメリカ、チャーチルのイギリスなどとあえて敵対関係になる必要はないのに、なぜこんな条約に傾くのか、と思っていたと強調する。実松はそんな三人に仕えるのはまさに本望だったと語った。

巻紙の抗議文を読み上げる右翼

実松は証言している。私のメモには次のようにあるのだ。

「三国同盟は日独伊防共協定を軍事上の意味合いが強い同盟関係にするということで、ドイツの陸軍の駐在武官だった大島浩が、ナチスの側から口あたりのいいことを言われて一気に加速した政策です。昭和十四年の前半は、三国同盟派はあの手この手で、海軍指導部を脅していましたよ。山本さんも井上さんも肉体的な恐怖を感じるほどでした。とくに山本さんは次官として、三国同盟に反対、なぜアメリカを敵に回すのかとそれこそ口を酸っぱくして説いていたんです。陸軍の連中の中には、院外団や右翼団体を使って、われわれを脅して賛成させようという連中もいましたからね」

実松は、自ら著述を行っているからでもあったろうが、「右翼が山本さんを脅しに、海軍省に日々乗り込んでくるんですよ」といった漠然とした言い方ではなく、どのような団体が、どういう理由で、山本に面会を求めにくるか、それを正確に話す。私は、そのような話し方をする人は、これまで千人単位でインタビューを続けてきた体験から言って、それほど多くなく、そしてこのようなタイプの証言は虚言ではないことを知っていた。

いかにも国士気取りで、羽織、袴《はかま》に身を包み、表面上は救国同盟といった名称の団体名を名乗り、「山本次官に会いたい」と言って海軍省に来るそうだ。追い返すわけにはいかない。なぜなら陸軍の指導者の紹介状（これは数多く出されていたそうだ）を持っているからだ。

「山本次官はいませんか……どうしても山本次官に会いたい」

「私は秘書ですから取り次ぐようにしますが」

「いや山本に会って売国の姿勢に抗議したいのだ」

「今日は役所には来ませんよ」

実松は徹底して会わせない。彼らは山本に会ったとしても、その目の前で巻紙に書いてきた抗議文を読むだけである。そんな時間に付き合わせるわけにいかない。そこで実松が山本に代わって抗議文を受け取ることで納得させるのだが、彼らは仰々しく実松の前で巻紙の抗議文を読み上げるのである。どうせ陸軍の軍人の筆が入っているのだろうが、どの団体も似たような内容だったという。

アメリカ、イギリス主導の世界秩序の再編成に対して、帝国が「支那」との聖戦完遂を行うために三国同盟は必要だという内容であった。実松は、その抗議文を聞きながら、「陸軍もこんな連中の助けを借りなければならんのか」と思っていたという。抗議文を読み続ける「一見国士風」の輩《やから》は、どうせ陸軍の機密費で培養されているのだから、こうして海軍省の中で読み上げることがその「見返り」なのだろうと心中では苦笑していたとも語っていた。

「山本の言葉」を次代の者に伝えたい

昭和十四年七月に、東京の芝浦でダイナマイトを持った一人の労働者が逮捕された。半藤一利の『山本五十六』によるなら、この労働者の口からある右翼団体の名が挙がり、計画中の要人暗殺の決行が明らかになった。半藤は、「狙われたのは山本次官を筆頭に、親英米派と目された湯浅倉平内大臣、松平恒雄宮内大臣、前大蔵大臣池田成《しげ》彬《あき》らであった」と書く。とくに山本が狙撃の対象になっていたのだ。

史実の上では海軍は色をなして怒り、井上は実松に命じて、横須賀鎮守府から派遣された陸戦隊一個小隊により、海軍省の防備を固めたともいうのだ。

山本はこのころに密かに遺書を書き、海軍次官の金庫に隠している。後事を託する内容であった。実松は、山本が遺書を認《したた》めていることはうすうす知っていた。むろん山本も実松には直接は言わない。実松もそれを質《ただ》したりはしない。しかし昭和十四年の七月、八月は海軍省内部では、テロに対する対応を考え続けたというし、海軍内部の親独派がどの程度こうした計画に関わりがあるのか、きわめて混沌とした情勢で不透明だったというのである。

山本は二度のアメリカ駐在武官生活を体験しているから、アメリカの国力そのものを熟知している。三国同盟に傾斜することはやがてアメリカやイギリスとの戦争を覚悟しなければならないのに、陸軍の三国同盟派はそんな因果関係をまったく考えていない。国際社会の動きを基本的に理解していない。自分たちの利害関係だけで、目の前の政策を考えている。

三国同盟の話が加速していくと、山本も、政治家や言論人などから「もしアメリカとの戦争になったら、日本には勝算はどのくらいあるのだろうか」と尋ねられることがあった。しかし、山本の答えは一貫していた。

「日本に勝つ見込みはない。日本の艦隊はそのようにはできていない」

こうはねつけた。何を考えているのか、という山本なりの答えであった。実松によると、山本が次第に海軍次官のポストに嫌気がさしたのは、単に三国同盟反対に対して暴力的な威圧が加えられるのが主たる原因とは思えないと言い、アメリカを知らなすぎることへの絶望感だったと補足するのである。

実松は、山本との執務室での雑談で、山本があきれたようにつぶやいた次の一言が、ずっと耳に残っていると繰り返した。

「君、アメリカと戦争を始めようと本気で考えている連中がいるんだね」

山本は驚きを通り越して、あきれた口調であった。なぜこんな常識を否定するような言を三国同盟の賛成派は口にするのだろうね、と首をひねり続けていた。山本は、日本が常識の通じない国になっていくことに不安な感情を持っていたのだ。実松は、山本のこの言葉を次代の者に伝えておきたい、それは私の役目であり、だから君のような次の世代に会って話をしている、とも繰り返した。山本五十六の信念を歴史の中に抹殺してはいけない。そのことを私もまた受け入れることにしたのである。

昭和天皇が側近に洩らした「至言」

昭和十四年八月二十三日、国際社会はあまりにも意外なニュースに驚かされる。ドイツとソ連の間で不可侵条約が結ばれた。ヒトラーとスターリンは、敵対関係から一夜にして同盟を結んだのだ。日本では平沼騏一郎首相が、「欧州の天地は複雑怪奇なる新情勢を生じた」との言を発し、自ら身を退《ひ》くことになった。事前に日本にはまったく知らされていない。三国同盟では、ソ連は仮想敵国扱いなのに、ドイツはあっさりとソ連と結びつく。三国同盟の本質は完全に骨抜きにされたも同然であった。

平沼内閣の総辞職を機に山本も辞めたいとの意思を固め、そして昭和十四年八月に連合艦隊司令長官に転じた。十月には井上成美も軍務局長を離れた。実松は十二月に海軍大臣の副官と秘書官の役を離れ、アメリカ駐在を命じられた。プリンストン大学で十カ月間学び、そして昭和十五年九月からはワシントンでの駐在武官に転じたのである。

八月の独ソ不可侵条約のあと、九月一日にはドイツはポーランドに攻め入って、いわゆる第二次世界大戦が始まった。三国同盟は一時頓挫したものの、第二次世界大戦が始まると当初はドイツが圧倒的に有利でヨーロッパのほとんどの国々を制圧したために、三国同盟はまた話し合いの軌道に乗ることになった。海軍大臣には吉田善吾が就任することになったが、吉田も同盟消極派で決して乗り気ではなかった。その点を陸軍から突っ込まれても、海軍は三国同盟により積極的に取り組むことはなかった。しかし海軍内部にも、三国同盟の積極派がいて、吉田はそのグループからゴリ押しされると、心理的に耐えられない状況になり身を退くことになった。

もし、ドイツが第二次世界大戦が始まる前に三国同盟を結んでいたら、日本はそのドイツの要請に応じて、ヨーロッパの国々との間に戦争を続ける状態になったはずであった。

昭和天皇が、「海軍が反対してくれて国が救われたと思う。陸軍が目覚めればそれに越したことはないのだが……」と側近に洩らしたのもまさに至言だったのである。

山本が残していた遺書（「述志」）の末尾には、「此身《このみ》滅す可《べ》し、此志奪ふ可からず」とあった。「私が殺されて、それで国民が考え直してくれるなら、それでいいよ」との意味がここに凝縮していた。

英国・米国を敵にしてはならない

海相の米内光政、海軍次官の山本五十六、海軍省軍務局長の井上成美のトリオは反三国同盟の主要メンバーであり、とくに陸軍側は山本の反対論に怒り、肉体的な威圧をかけ続けた。そのあたりの対立状況についてもう少し詳しく、実松の目を通して語っておきたい。実松は冷静に事態に向きあい、必要なときにはメモを取って正確に残していた。まず実松は、米内、山本、井上の海軍のトリオがこの期をどのように捉えていたかを、淡々と証言した。

「陸軍は支那事変を勝手に始めて、国策を一方的にこの戦争に向けて変えていったのです。そしてそれがうまくいかないというので、当初はドイツが中国を支援していたのをやめさせようと画策して、日独伊防共協定を三国同盟という軍事同盟に変えていこうとしたわけです。駐独の武官であった大島浩がベルリンでナチスの幹部らにその意向を伝えたんです。それでドイツも少しずつその方向に舵を切っていったわけです。私は昭和十年代の日本の過ちの大半は陸軍にあると思っていますよ」

自宅の応接間で実松はゆっくりと話した。私はそのころは昭和史そのものを学びつつある段階だったが、実松はそんな私に、ときに図を描きながら、陸軍や海軍の人間関係などを説明してくれた。実松の陸軍嫌いは海軍の軍人に共通のものであり、米内、山本、井上にもその傾向があったことを暗ににおわせた。あえてつけ加えておくが、この三人を実松は「トリオ提督」と評して「共通の信念」を保有していたことを強調し、自分は後輩としてこれに列する者でありたいと願っていた。

三国同盟交渉は、ある時期からドイツが熱心になった。ヒトラーの戦略にこの同盟が組み込まれることになったからであろう。トリオ提督はドイツのその戦略を疑い、昭和十四年九月一日にドイツが電撃的にポーランドに侵攻して第二次世界大戦が始まってからは、「わが国はどんなことがあってもドイツ国と軍事同盟を結ぶべきではない。英国、米国を束にして敵に回してはいけない。それは日本の国益にはならない」との立場を確認した。トリオ提督は、その点では一歩も譲らないとの意思を確立していた。

確かに陸軍はドイツに異様なほど熱心に近づいた。それをよく示したのは、昭和十三年八月の五相会議だったと実松は口にしていた。陸軍省の一将校がベルリンの大島のもとに行き、そこでドイツ側から示された案を直接持参して日本に持ち帰った。その前に開かれた五相会議では、陸相の板垣征四郎が、外相の宇垣一成、蔵相の池田成彬、それに海相の米内などを前に、「陸軍は防共協定を軍事同盟としていきたい」と公然と主張したときに、宇垣も池田も、そして米内も口を揃えて、「そこまでの関係にすべきではない。それでは日本はヨーロッパ情勢にひとつの姿勢でしか対応できなくなる」と反駁した。そういう事実を語りながら実松は、陸軍はドイツから持ち返ったドイツの案に賛成せよ、と詰めよったが、誰も同調しなかったと指摘している。

テロでの死を覚悟し、遺言を書く

問題だったのは、ドイツ案の中に「締約国の一国が締約国以外の第三国より攻撃を受けたる場合においては、他の締約国はこれに対し武力援助を行なう義務あるものとする」とあった点だった。これに海軍は猛然と反発したという。トリオ提督の信念に根本から反するからだった。しかし海軍内部にもこのトリオ提督に抗して、英国、米国と対決しても新たに世界戦略を構築すべきという一派も少なからず存在したし、彼らは陸軍と密かに連絡をとり、トリオの足元を揺るがす勢力になっていったのである。

こうした状態が続いて、昭和十四年は日本国内でも三国同盟をめぐっての確執が続いていった。近衛内閣から平沼騏一郎内閣にかわって、事態はさらに複雑になった。

実松は、もっともこの条約に反対した山本、井上のうち、井上が戦後になって著した私稿（「思い出の記」）の中で、次のように書いているといって、その稿の写し（実松書に収録）を見せてくれた。

「昭和十二、三、四年にまたがる私の軍務局長時代の二年間は、その時間と精力の大半を三国同盟問題に、しかも積極性のある建設的な努力でなしに、ただ陸軍の全軍一致の強力な主張と、これに共鳴する海軍若手の攻撃に対する防御だけに費された感あり」

まさにこのとおりだったですね、と実松は認める。さらに井上は、次のようにも書いていたのである。

「当時の（軍務局）一課長は岡敬純《たかずみ》大佐、主務局員は神重徳《かみしげのり》中佐、いずれも枢軸論者の急先鋒《きゅうせんぽう》で、すでに軍務局内で課長以下と局長の意見が反対なのだから、誠に仕事がやりにくい」

実松によれば、海軍内部の陸軍に呼応する勢力が増えて、まさに下克上状態になっていったというのである。そういう動きが昭和十四年に入ると極端な形をとることになったのだが、そこで米内よりも山本がターゲットになったのは、山本は海軍の意向を代表する形で、米内が立場上発言できない内容を山本が常に代弁したからである。

「三国同盟になぜ反対するのか、と山本さんを脅しにくるのは初めは右翼団体でしたが、やがていろいろな地方の議会の議員や市町村長なども来るようになりました。聖戦貫徹議員連盟などといった時流に迎合したような団体に入っている地方議員もいましたよ。そういう連中の抗議書の類いはすべて私の守備範囲でしたからね、こうして筆記して残しています。こういうふうに、『日独伊軍事同盟ハ皇国日本ノ至上使命ト現前世界ノ客観情勢ガ要求スル必須緊要ノ国策タリ』といった内容です」

実松は、自らの著作でもこうした経緯を紹介している。山本は単にテロでの死を覚悟しただけではなく、机の上を整理したり、まさにいつ死んでもいいように身支度を始めていた。このころに遺言「述志」を書いていた節がある。昭和十四年五月三十一日の日付になっていたという。

「理」では通じない「別世界」がある

以上を踏まえて、私たちが改めて注目しなければならないのは、ドイツがポーランドに攻めいって第二次世界大戦が始まったあと、日本社会の世論、あるいはトリオ提督を脅しにくる右翼から地方の市町村長、それに議会人たちは、一様に「海軍の弱虫！」「臆病海軍」と謗《そし》ったということである。こういうタイプが前面に出てくる時代は、時代の歪みが激しくなる。彼らは「腰抜け・山本次官」と罵倒したのである。

地方から抗議にくる上京組は、何らかの団体が交通費などを提供している節もあり、加えて抗議の口ぶりも「日本精神」とか「神ながらの道」といった常套句を用いるというのであった。そこで実松はこれはどういうことかと尋ねると何も答えられない。山本や米内への報告書には、「数件質問ヲナセシ処、何ニモ知ラズ」と書いたという。

国会議員が数人で訪ねてきて、「海軍の弱虫！」と罵声を浴びせたときに、実松も激高気味にどなり返したそうだ。

「あなたがたは国民の選良をもって任じている人びとでしょう。海軍は、日本の海軍であり、あなたたちの海軍でもある。その海軍を、弱虫だ、腰抜けだ、といって罵倒するだけでいいだろうか」

あなたたちは何も知らないで罵声を浴びせるとは何ごとか、とどなったというのだ。実松は当時まだ三十代であった。相手方の態度によっては、つい言葉も激する。ここは人間修行の場だ、とひたすら耐えるよう諭されていたというのであった。

「天にかわって奸賊《かんぞく》山本を倒す」といった斬奸状を作成して海軍部内に撒《ま》く。そんな右翼団体も現れたというのであった。陸軍の幕僚たちは、ときには反英・反米運動のデモを右翼に命じて、内務省の警保局にこの種のデモは取り締まらないでくれ、と頼んでいたそうだ。むろん内務省の官僚がそんなことはできないと断ると、「内務省は海軍の手先か」とどなったりしたというのであった。

前にも触れたように、山本を守るために横須賀鎮守府から一個小隊の陸戦隊が送られて、海軍省の警備にあたった。山本の執務室の前には、ピストルで武装した隊員が護衛することになったそうだ。そういう緊迫した情勢の中で、山本は三国同盟に反対を続けた。山本に代表される海軍内部の親英米派は、しだいに孤立していった。

山本は、三国同盟締結までの期間に幾つかの疑問を持った。それはこの国では「理」では通じない別世界があるということだった。思いつきだけで発言し、口から出任せの感情的表現で他者を傷つける、そのような日本人の性格に嫌気がさしたことは充分にうなずける。

「海軍は憲兵を持っていない」

山本が海軍次官のポストを離れたのは、前述のように昭和十四年八月だが、およそ二年九カ月の次官生活であった。山本にとっては決して愉快な時代ではなかったであろう。もともとアメリカで二度にわたり駐在武官の生活を送ったために、山本はクールな性格も持つ。さらに昭和十年十二月に開かれた第二次ロンドン海軍軍縮会議での予備交渉代表団の一員であった。この予備交渉では、英国や米国に対して堂々と日本の国情を説明した。

「日本には有能で紳士的な軍人がいる。それは山本五十六だ」

という噂は広がり山本はまさに日本海軍を代弁する存在だった。

その山本が三国同盟では地に堕《お》ちた存在になった。それは山本の「理」にもとづいた論理や戦争観を根本から否定する時局ゆえである。山本はこういう厄介なポジションから変わりたいとの意思が実って、連合艦隊の総司令官として転属になるのだが、このことが太平洋戦争への伏線ともなった。

山本は次官時代に、新聞記者に対しては時局がどのようになっているか、海軍から見た国際社会、日本社会の現実を率直に解説した。それは同時に自らが、こうした記者たちの前でどのように振る舞えば理解してもらえるのかといった訓練にもつながった。こういう会見では、三国同盟についての陸軍の判断を明確に批判もしている。

そういう山本を、陸軍は憲兵を使ってあらゆる面から調べている。出入りする料亭ではどんな食事をするか、どういう遊びをするのか、調べ回ったという。当時『東京日日新聞』の記者だった戸川幸夫は『人間提督 山本五十六』の中で、「憲兵はゴミ箱を漁《あさ》る野良犬のようににおいを嗅ぎまわった」と書いている。憲兵は護衛の名目のもと山本の行く先々について回った。すると山本は、周辺の者に、「海軍が陸軍に劣っている点といえばだね、憲兵をもっていないことだよ」と嗤《わら》ったのである。

第二章

真珠湾作戦を指揮した胸中

「私を安心させていただきたい」

日本が三国同盟に傾斜することは、いずれアメリカ、イギリスとの対立に及び、一歩間違えると対米英戦争に突入することになる。それが三国同盟に反対した米内光政海相、山本五十六海軍次官、それに海軍省軍務局長の井上成美の最大の懸念であった。

山本は暗殺を覚悟して遺書まで書いていた。その趣旨は、「君国百年のために俗論を排する」だったと、実松譲は語っていた。山本は覚悟を決めたあとは、どんな脅しにものらなかったと実松は賞賛するが、実松自身は、陸軍の政治将校たちが裏で糸を引いて右翼を動かし「英米何するものぞ」と、煽りたてていることを知っていたので、ただひたすら陸軍への怒りをかきたてていたというのである。自らの著書では、「陸軍の策謀と右翼などの妄動」といった表現を用いているほどであった。

三国同盟反対の旗が、山本らが身を退くことで海軍内部から消えていったのは、海軍の体質に問題があった。

独ソ不可侵条約が締結されたことにより、平沼騏一郎内閣は事態にまったく対応できなくなり、総辞職することになった（昭和十四〈一九三九〉年八月）。米内は後任の海相にやはり三国同盟に批判的な吉田善吾を据え、自らは海相のポストから離れた。既述のように、山本は連合艦隊司令長官に転じ、井上は支那方面艦隊兼第三艦隊参謀長に転じた。実松はワシントンに赴き、海軍駐在武官としての職務に励むことになった。

その後、三国同盟締結の圧力は、海相の吉田善吾を襲い、そのために吉田は神経衰弱になった。こうした動きの中で、つまるところ三国同盟は締結され（昭和十五年九月）、日本はドイツ、イタリアに与《くみ》する形で枢軸体制の一翼を担うことになる。

海軍内部で公然と三国同盟に反対した軍人たちは省部から追われた。それでも最終的に海軍は、首脳会議を開いて、この同盟への態度を決めた。昭和十五年九月のことである。連合艦隊の司令長官としてこの会議に出席した山本は、海相の及川古志郎らの説明や、豊田貞次郎海軍次官らの報告を受け、ぜひこの同盟に賛成していただきたいとの要望に対して、一人だけ起《た》ちあがり決然と反対論を展開している。それは次のような内容であった。この内容については、さまざまな書かれ方がされているのだが、実松の著書から採録することにしたい。

「私は大臣の海軍部内の統制にたいして絶対に服従するものであるから、大臣の処置に異議をはさむ考えは毛頭ありません。ただし、一点だけ心配にたえぬことがあるので、それをおたずねしたい。

昨年八月まで、私が次官だった当時の物動（物資動員）計画によれば、その八割までが英米勢力圏の資材でまかなわれることになっていたが、今回三国同盟を結ぶとすれば必然的にこれを失うはずであるが、その不足を補うため、どういう物動計画の切り替えをやられたか。この点を明確にし、連合艦隊司令長官としての私を安心させていただきたい」

面子で三国同盟に傾斜した海軍

ところが及川はこの質問にまったく答えず、「この際、三国同盟に諸氏は賛成していただきたい」と言い、軍事参議官の大角岑生が、「私は賛成です」と言い、それに出席者が呼応する形になって座はおさまったというのである。しかし山本の怒りはおさまらず、この会議の終了後に及川を難詰したというのであった。

私が実松の自宅に通ってこうした経緯を聞き出したのは、昭和五十年代半ばのことであった。実松はこのとき七十代後半になっていた。脳出血の後遺症のためか、肉体的には老いがなかったとはいえないにしても、口ぶりは確かであった。なにより記憶力がしっかりしていたために、証言のひとつひとつがわかりやすく、そして史実に忠実であった。

加えて、すでに何冊もの書籍を著していたために文筆家としての心構えを語ったが、そんな折に「私は山本五十六さんの評伝を書くつもりでいるし、米内さん、井上さんについてもやはり書き残しておきたい」と心中を洩らした。実松は「三国同盟から太平洋戦争に至るまでの山本さんの心中は、海軍時代を知っている誰かが正確に残していかなければ真相は曖昧になる」とも語っていた。

その実松にとって不思議に思えたのは、山本五十六を利用しておいて、いざというときにはもっとも苛酷な場に追いやった海軍の首脳たちだった。山本の忠告をまったく無視して、陸軍の恫喝《どうかつ》を恐れ、海軍の面子だけでこの三国同盟に傾斜していったのである。そのことに実松は激しい怒りを示していた。実松のこうした怒りの証言をもとにしながら、山本が真珠湾攻撃を練っていくプロセスを改めて確かめておきたい。そうすることによって山本が真珠湾攻撃を進めていく複雑な心理が初めて解剖できるからである。

昭和十五年十二月、山本は締結を終えた三国同盟についてやはり納得できないでいたので、海軍兵学校時代の同級生で、このときは海相に就任していた嶋田繁太郎に書簡を送っている。

「日独伊同盟前後の事情、其後の物動計画の実情を見るに、現政府のやり方はすべて前後不順なり。今更米国の経済圧迫に驚き憤慨困難するなどは、小学生の刹那《せつな》主義にてうかうかと行動するにも似たり」と現実を正確に見ることの大切さを訴えていたのである。

実松は、井上は後年まとめた手記「思い出の記」のなかで自分たちがあれほど反対した三国同盟に、その一年後に海軍上層部があっさりと賛成した理由を海軍を動かしている指導者に具体的に質したりしたが、なにひとつ満足な答えは得られなかったと書いていると言い、「山本、井上の二人は、海軍の無原則に歯止めをかける人物だった、ということをあなたの世代は忘れないでほしい」と繰り返していた。

実松はこのころワシントンの日本大使館で海軍の駐在武官としての職務を果たしていた。彼の行動はアメリカの情報機関から常にマークされていて、外出時はいつも尾行がついたそうである。日本は、ヨーロッパを制圧しているドイツの盟友であり、それはアメリカにとって油断のならない「敵国」にと変わっていく可能性があったからだった。

「山本さんを評論家と思っていないか?」

三国同盟締結に対して、アメリカは具体的に重油の対日輸出禁止という処置をとった。こうしたことは昭和十四年から十五年にかけて、陸軍が主導した対英米強硬路線へ拍車をかけることになった。海軍の中にもドイツへの共鳴、共感から、反英米の参謀たちがより声を強めていった。

しかも海軍内部は、三国同盟を結んだあとは、このような時局に備えて、「出師《すいし》準備第一着作業」を発動している。出師準備とは、海軍の持つ全兵力を戦時体制に移行させる準備のようなもので、これには第一着作業と第二着作業の二つがあり、第一着作業は戦時編制の発令までに終えるとなっていた。これが重要なのだが、その期間は百六十日とされていたというのである。

この第一着作業はむろん軍令を担う軍令部が中心になる。軍令部が作戦を、海軍省がそれを行政面からサポートするシステムであった。こうして軍令と軍政を調整する合同委員会のようなものが設立されるのだが、このなかで対米英戦争に熱心になっていったのは、第一委員会であった。

これには海軍省軍務局の第一、第二課長、そして軍令部はやはり作戦を担う作戦課長などで編制された。この委員会をリードしたのは、軍務局第二課長の石川信吾である。石川は海軍の中では、枢軸体制維持、反英米の旗頭であった。石川は陸軍と連携を強めて、対米強硬派のリーダー役を務めた。対米戦争必至などとさまざまな場で発言している。

こうした動きはなんのことはない、三国同盟に至るプロセスで、陸軍が半ば暴力的に海軍の反枢軸派の山本に圧力をかけたことに、つまりは呼応勢力となって応じた海軍の一派がしだいに主導権を握ることになった。このような状況に山本はますます怒り、航空本部長に転じた井上は、しだいに英米敵視が強まり、そして第一委員会の議長などが、ドイツは強い、ドイツと組んでいれば天下に恐れるものはない、と豪語する状態に絶望感を味わうことになったというのである。

このような状態で昭和十六年に入った。連合艦隊の旗艦「長門」で山本は、米英に対する軍事行動をとる場合はいかなる方法があるかをまとめている。これは日本海軍では考えられなかった初めての構想であるハワイ作戦（真珠湾奇襲攻撃）を明らかにした内容である。山本が軍人として描いていたプランを文書にして、海相の及川古志郎に提出することにしたのである。

ここで重要なのは、山本は三国同盟に反対し、対米強硬路線に反対していることだ。山本は、日本はアメリカとの間に戦端を開くべきではない、アメリカの国力を侮ってはいけないと主張している。それなのに一方では、アメリカと戦端を開くならハワイ奇襲作戦を行うべきである、と主張する意見書をまとめて海相に届けようとしている。これは矛盾しているのではないか。私は山本がなぜこういう心と身体が異なる態度をとるのか、それが不思議であった。そのことを実松に質した。私は、そのときの実松の苦笑いを今も覚えている。

「君は山本さんを評論家と思っているのではないか。山本さんは海軍の第一線で全海軍を率いて戦う責任者だよ。自分の考えていることと違うといって何も手をつけずに日々を過ごすわけにはいきません」と、たしなめるように諭《さと》した。

「二つの心」で真珠湾奇襲を構想

すでに出師準備が発動されている。それに対し山本は、昭和十五年十二月に連合艦隊の参謀たちを集めて、もし日本が蘭印攻撃を行ったら、との図上演習を行っている。ドイツの軍事力を利用する形で、フランス、オランダなどが植民地支配している北部仏印、さらに蘭印などに日本軍が兵力を動かしたとするならば、アメリカ、イギリスはより強力に石油の全面禁輸の処置をとるだろう。そうなると日本の海軍兵力は石油確保のためだけに兵力を割くことになる。アメリカの太平洋艦隊が、日本を叩く事態も想定される。三国同盟締結によって、アメリカとの関係は悪化し、日本は石油を求めて蘭印に出なければならなくなる。そうなった場合に備えて、山本にはまったく不本意な形になるのだが、日本はハワイの米太平洋艦隊を弱めておかなければならない。

それが昭和十六年一月段階で、山本がハワイ作戦を密かに考えた理由であった。

山本はこの段階で考えたハワイ作戦を行う前提の国際情勢について「海軍殊《こと》ニ連合艦隊トシテハ対英米戦ヲ覚悟シテ戦備ニ将又《はたまた》作戦計画ニ真剣ニ邁進《まいしん》スベキ時期ニ入レル」と書いている。そして実松は『あゝ日本海軍』の中で、「作戦方針」について次のように説明している。

「アメリカ艦隊の来攻を待って、これを西太平洋に迎え、艦隊決戦によって撃滅するという日本海軍伝統の正統派的な戦略を排し、『開戦劈頭《へきとう》、敵主力艦隊ヲ猛撃撃破シテ米国海軍及ビ米国民ヲシテ救フベカラザル程度ニ其ノ士気ヲ沮喪《そそう》セシムルコト』を主張した」

そして具体的な戦術として、「開戦劈頭ニ於テ採ルベキ作戦計画」を三つのケースに分けて考えている。その第一は「(アメリカ軍の主力が真珠湾に在泊するときとして)飛行機隊ヲ以テ之ヲ徹底的ニ撃破シ且《かつ》同湾ヲ閉塞ス」とあった。

山本は二つの心(対米避戦と対米開戦)をもって、これまで誰もが考えたことのなかったアメリカの領土に直接に手をつける作戦を構想したのである。

「アメリカとの戦争にならないように」

山本五十六の考えた真珠湾奇襲攻撃作戦は、昭和十六年前半は海軍の指導部の人びとにわずかに明かされてはいても、軍令部内でも当初は知られずに進められた。むろん連合艦隊内部でも誰もが知っているわけではなかった。山本は、もしアメリカと戦端を開くことになったらこうした案しかないということの意味を、軍令部の参謀たちはわかっていないだろうとも予想していた。

昭和十六年四月に、連合艦隊の参謀長から軍令部の作戦部長に転じることになった福留繁に、山本は密かに「君を軍令部に送り出すにあたって私が望んでいるのは、アメリカとの戦争にならないように努力してほしいということだ」と伝えている。福留はむろん山本が抱いている真珠湾奇襲攻撃を知っているが、そういう戦略を使わずにすむようにしてほしい、と山本は釘をさしたのである。省部の中堅幕僚たちで構成されている第一委員会は、対米戦必至と煽りたてているが、それに抗してほしいとの願望を伝えたのである。

第一委員会は、出師準備の第一着作業へと進んでいるわけだが、しかし現実にはこの委員会のメンバーは、やはり福留が赴任するころには、対米艦隊決戦を呼号するようになっていた。前年の三国同盟締結によりドイツに肩入れしていく日本は、第一委員会の石川信吾らが望むように、アメリカとの間の戦争状態に向かって進む事態になっていた。半藤一利は『山本五十六』の中で、このころの軍令部は、「対米艦隊決戦に必勝の信念を抱いていた。そして兵力の対米比率が七割を超える十六年の秋から暮れにこそ、断乎《だんこ》として立ち上がればわれに勝機ありと結論した。この時期を逸しては、兵力比に大きな差ができて、有利に戦うチャンスはなくなってしまうのである」と書いている。

もとよりこの根拠になっているのは、このころの日米戦艦数が、日本は二百三十五隻（戦艦、空母、巡洋艦、駆逐艦、潜水艦など）、アメリカは三百四十五隻（同）で、日本海軍の対米比率は六八・一％というデータであった。ちなみに航空機は日本が三千百機、アメリカは五千五百機でこちらは五六・四％であった。艦隊の対米比率七割で日本は勝つことができるというのが明治以来の海軍の伝統的な考え方だった。それとほぼ同じ状態なのである。

加えて軍令部の参謀たちは、この年（昭和十六年末）には密かに建造中の戦艦大和や武蔵も完成する予定になっており、さらに第三、第四の戦艦建造計画も進めている。アメリカ海軍何するものぞ、というのが省部の幕僚たちの考えであり、山本からの忠告を受けながらも軍令部の作戦部長に就任した福留とて、しだいに軍令部の中枢にあって対米戦必至と考えていくことになったのである。

持久戦になれば勝ち目がない

山本はこのような表面上の戦力比だけを見ての、対米戦必至という論に反対している。山本の反対は二つの理由に基づいていた。そのひとつは、艦隊の対米比率七割弱は、艦隊決戦を想定していることだ。艦隊決戦というのは日米の艦隊が太平洋でその浮沈をかけて決戦を行う意志があってこそ成り立つ。しかし、たとえばアメリカ側に艦隊決戦を挑もうとしても相手方が応じなければ艦隊決戦そのものが成り立たない。

それに山本は二度にわたってアメリカでの駐在武官を体験してきて、「デトロイトの自動車工場とテキサスの油田」を見ただけで国力比は歴然としていると分析していた。正直なところアメリカの戦艦建造能力は、日本の四・五倍、飛行機に至っては六倍であり、持久戦になれば勝ち目のないことは歴然としていた。こんな当たり前の事実を無視する省部の参謀は、山本にとってはまさに犯罪的な存在だったということになるであろう。

もうひとつの理由は、政治的に日米対決が煽られているとの怒りである。山本が三国同盟に反対したのは、アメリカとの関係が悪化し、戦争に至る道筋を歩むとの危機感が大きかったためである。つまりドイツと組むか、アメリカ、イギリスと連携していくか、のふたつの路線のうち前者に傾いていることの不安を、日本は理解していないということだった。

これは米内光政海軍大臣、山本五十六次官時代の話だが、海軍省副官兼秘書官を務めていた実松は、山本が次官時代にアメリカ政府の要人と宴会を開いたときに、いかにアメリカ側に気を使っていたかを話している。畳の席の宴会で興が乗ると、芸者を自らの体に乗せて「ハイハイ」と馬の役を引き受けたこともあったという。「山本さんがそんな宴会芸までこなしていたのは、日本はアメリカに敵対意識を持っていない、そんなことを表すための座敷芸ですよ。私は山本さんがとにかくそこまで気を使っているのを見て、思うことは多々複雑でした」と話している。単純な日米開戦論者に強い不満を持っていたことは、このころの山本の心中だったのだ、と。

昭和十六年六月二十二日に、ドイツが突然ソ連領に入っていく。独ソ戦の始まりであった。日本は対米戦争を覚悟して、南部仏印に進駐する。すぐにアメリカは石油の禁輸を発表し、そして七月二十五日には在米の日本資産を凍結すると発表、日本は、アメリカが本格的に戦うとは思わないとの判断のもとで実際に南部仏印に日本軍を進駐させたのだが、しかしアメリカは怒りを露骨に示し、八月一日には日本への石油供給全面禁止という手段に打って出る。アメリカは心底から、日本の軍事的な冒険主戦者たちに、相応の憎しみを隠さなくなっていく。

額に青筋を立てて怒った山本

こういう対日俯瞰図を考えていくと、三国同盟以来のアメリカの日本敵視政策は、しだいに戦争状態に近づいていくことになるのだが、これは山本が案じていた道を一歩一歩歩んでいくことでもあった。山本は、日本はアメリカと戦えばまったく利がなく、しかも長期戦になれば戦争それ自体が体をなさなくなることを知っていた。ではどうするか。山本は真珠湾奇襲攻撃こそ、戦争を短期決戦でおさめるための最良の方法と考えたのだ。

とにかく第一撃を浴びせ、続いて第二撃、第三撃と間断なく攻撃を続けていく。アメリカの太平洋艦隊に休みなく攻撃を続け、そして打撃を与えていく。徹底して戦意を失わせる作戦を繰り返すのだ。立ち止まったら、つまり初期攻撃でひと休みしていたら、アメリカは態勢を整えて、日本の何倍もの速さと濃度で戦力をレベルアップしてくるだろう、そうなれば日本に勝ち目はない——それが山本の考えだった。

しかし軍令部は、南方の資源要域を押さえての長期不敗態勢を主張する。山本にすれば、日本はそんな余裕のある戦争など行える国か、守りを固めるだけの戦力はあるのか、アメリカがその何倍もの戦力で戦いを挑んできたら、日本はひとたまりもないではないか、と反論することになる。

昭和十六年九月十六、十七日の二日間にわたり、東京・目黒にある海軍大学校の一室で軍令部が中心になって、初めてハワイ作戦の図上演習が実施された。この図上演習は、日米の戦力を土台にそれぞれの戦術を考えるのだが、この結果、日本の空母は全滅し、搭載の飛行機もすべて失ってしまうということになった。このときに山本は同席していない。連合艦隊の参謀も出席していないとなれば、軍令部が自分たちに都合のいい結果を生み出すための図上演習といってもよかった。そして山本の真珠湾攻撃をバクチと誇る結論を密かに出したのである。

この結果について聞かされた山本は激高している。実松はこのときワシントンでの駐在武官であったから、むろん山本の怒りそのものは知らないが、戦後になって海軍の仲間たちから聞かされたという。それこそ額に青筋を立てて怒ったと語り継がれていると認めていた。このときの怒りの言は、前出の半藤の著書から引用するならば以下のようになる。

「軍令部は、口を開けば賭博だという。しかし、賭博でも投機でもない。真珠湾作戦なくして、戦争はあり得ないのだ。天佑が日本にあれば、この作戦はかならず成功する。もし失敗するようなことがあったならば、天はわれに与せざるものである。そのときは、戦争そのものを断念すべきなのである」

山本が額に青筋を立てて激高したのは、軍令部の参謀たちがアメリカの戦力を客観的に見ることなく、主観的願望を客観的事実にすりかえようとしていることへの反感でもあった。このとき山本は軍令部総長の永野修身に電話をかけて、「長期不敗の態勢づくりなどありえない。戦争はできるだけ抑える方向にもっていってほしい」と意見具申をしている。もし自分の作戦で行わないのなら、戦争はやめてほしいとの強い意思表示であった。

山本の真珠湾奇襲攻撃には連合艦隊の幹部たちにも反対論はあった。山本は参謀長の草鹿龍之介らを前に、「私が連合艦隊司令長官である限り、ハワイ作戦は断行する。これなくして対米戦争の勝利はありえない」と凄味をきかせた。これ以後、連合艦隊は、ハワイ作戦一本で進んでいくことでまとまった。昭和十六年十月十九日に連合艦隊の首席参謀、黒島亀人が山本の密命を帯びて、東京・霞が関の軍令部を訪ねて、「どうしてもこの作戦でやらせろ」と山本の意思を伝えた。

主戦派のほうが「バクチ打ち」だった

すると作戦部長の福留、そして作戦課長の富岡定俊らは「決して承認できない」と受けつけない。軍令部の命令が聞けないのかといった態度に、黒島は、重大なことを口走った。次のように言ったのだ。

「軍令部がハワイ作戦を放棄せよと言うのであれば、山本長官はこの案がいれられなければ国の防衛に責任をもてないと伝えよ、と言われておられる。長官は辞職すると言っておられるし、われわれ連合艦隊の幕僚も総辞職する決意になっている」

いわば脅しであった。ここまでの山本の決意を聞いた軍令部総長の永野は、「そこまで言うのなら、山本の希望どおりにやらせてみようじゃないか」と言った。これが最終的に海軍の決断となった。昭和十六年十月十九日のことである。軍令部の幕僚たちは、内心では不満ながらも渋々と従い、山本への不信や怒りをひとまず抑えた。このときの状況が、戦後の山本五十六愚将論の伏線になっていることは認めなければならない。山本を語る人びとの論理は、「真珠湾攻撃というバクチにも似た作戦を行った」とか「山本のゴリ押しで海軍の伝統的な作戦体系は崩れた」「山本は凡将、愚将である」といった論がしだいに表面化していく。

しかしこうした論の出所は、決まって「日本開戦を強硬に主張し、そして軍令部の言うとおりに作戦を行おうとした人たち」である。たとえば戦後になって第一委員会の主戦派の石川信吾は、「山本長官の作戦には多分にバクチ的の閃《ひらめ》きがある。なぜ好んでバクチをするのか。山本大将は航空のことをよく知っていたであろうが堅実な戦略家であったとは思えない」と決めつけている。石川と同様のかつての主戦派の山本論は、きわめて山本を侮辱しているということにならないか。

山本は三国同盟締結、南部仏印進駐の折には、日米戦争になるとあれだけ反対していたのである。むしろ主戦派のほうがはるかにバクチ打ちだったのだ。その責を山本に押しつけていること自体、海軍という組織の不明朗さを裏づけているといっていいであろう。

対米戦争となること自体、バクチだったということの理解に欠けた者が、山本をバクチ打ちのごとくに語る面妖《めんよう》さを、私たちは歴史を整理して確認するべきであろう。山本の真の心情は、その戦から八十年を経た今、私たちの国の官僚組織の弱点を浮かび上がらせているという視点で確認しておく必要がある。

山本の政治的軍人の側面

山本五十六が主導していたハワイ作戦が、最終的に海軍の作戦行動と認められたのは、昭和十六年十月十九日のことだ。国家の存亡の戦いを決するのに、これほど感情まるだしで事が決まったのは驚きである。その半面、アメリカと戦争すべきではないとの山本の政略は、ほとんど省みられていない現実も指摘しておかなければならない。

十月十九日という時点は、近衛文麿内閣がまったく動きがとれなくなって内閣を投げだし、近衛の後任として陸相であった東條英機が首相の座に就いたばかりであった。この年の九月六日の御前会議を含め、対米開戦やむなしの道をひたすら主張しつづける東條に対して、外交交渉の姿勢を示す近衛との関係は抜きさしならぬ事態に至っていたのである。内大臣の木戸幸一が、強硬派の陸軍を抑えるには、逆に強硬派の東條を使って抑える方法があるとの見方を示し、昭和天皇もそれを受け入れることになっての東條内閣の誕生であった。

昭和天皇は、木戸に対して「虎穴に入らずんば虎子を得ずだね」と伝えたという。現実の動きは確かにその方向に向いていた。天皇は東條を呼んで、本当に日米開戦は可能なのか、その主張を改めて具体的に検討せよと伝えている。そこで東條は、新たに日米間に横たわる懸案の項目を整理し、実際に戦争遂行の国力があるのかを検討することになった。十月二十日から、項目再検討のための大本営政府連絡会議が連日のように開かれることになる。山本の示していたハワイ作戦は、このような段階で決定したのである。

従って山本の胸中は、軍人としてハワイ作戦、つまり真珠湾奇襲攻撃への準備（いつ戦争になっても戦力発動が可能な状態）を進めると同時に、もう一方ではこの項目再検討会議に期待を寄せるという政治的軍人の側面があった。もっともこの側の顔は、公式には発言する場がないので記録や文書としては残っていない。

ただし山本の政治的軍人の側面を正確に理解することは重要である。それは何でわかるか、ということになるが、私は二つの方法で理解できると思っている。

ひとつは、山本には公的文書での記録はそれほど残っていない代わりに、私的な書簡、あるいはときに心情を綴った文書によって窺うことができる。もうひとつは、山本の人脈に連なる海軍部内の軍人たちの証言である。その証言によって、山本のこのころの真の気持ちがわかってくるように思われる。この二つを丹念に追いかけることで、その歴史的心情を捉えるべきなのだ。

山本が心の奥を打ち明けた人物

前者の方法では、山本の海軍兵学校時代の同期生で、昭和五年の海軍人事でロンドン軍縮条約への賛成を示した条約派の堀悌吉への書簡が挙げられる。堀はその後の条約派の一掃を狙う艦隊派によって予備役となっていた。かつては海軍の穏健派としての有力な幕僚で、強硬派とはソリが合わなかった。山本はこの親友に書簡を送っている（書簡の日付は昭和十六年十一月十一日である。ちなみに、このときは東條内閣の項目再検討会議はすでに終わり、流れとしては日米開戦の方向に舵が切られていた）。

そのなかには次の一節がある。

「大船（保阪注・自宅）より托送《たくそう》の貴翰《きかん》も落掌《らくしょう》

一、留守宅の件適当に御指導を乞《こ》ふ。

二、大勢は既に最悪の場合に陥りたりと認む。山梨さん（保阪注・前述した山梨勝之進。海軍の条約派の中心人物だが、やはり艦隊派に追われて海軍を離れている。その後、学習院々長などを務める）ではないが、之が天なり命なりとはなさけなき次第なるも、今更誰が善いの悪いのと言った処《ところ》ではじまらぬ話也。

独り至尊《しそん》をして社稷《しゃしょく》を憂え使《し》むの現状に於いては、最後の聖断のみ残され居るも、それにしても今後の国内はむずかしかるべし。

三、個人としての意見と正確に正反対の決意を固め、其の方向に一途《いちず》邁進の外なき現在の立場は誠に変なものなり。之も命という可きか」

　この書簡は、このときの山本の心情を正確に綴っている。「山本さんはただひとり堀悌吉にだけ、人間・山本五十六としての本音を告げていたのです。堀さんには心の奥の奥まで打ち明けました。ハワイ作戦を実行することは、『個人としての意見と正確に正反対の決意』なのだと」（半藤一利『聯合艦隊司令長官 山本五十六』）。半藤のこの見方が当たっていると私も考えている。山本の心の奥の苦悩は、「私」の部分では明かしていても、「公」の部分ではなにひとつ記録を残していない。そこに山本五十六、その人の悲劇があるのだと、私は考えている。

そして前述の二つのアプローチのうちの後者である。それこそが実松の証言なのである。実松は日米開戦前の時期は、ワシントンにあって海軍の駐在武官としての役を担っていた。駐在武官の部屋は、日本大使館内ではなく、ワシントン市内のオフィスビルの一階にあった。しかし日常的に、日本の駐在武官にはＦＢＩの尾行や電話の盗聴があり、現実には「敵国扱い」される状態になっていたという。そのために日々の業務は停滞状況にあった。結局、海軍の駐在武官のオフィスルームも、このころには日本大使館に移るための準備が進んでいたというのであった。

外交交渉がまとまれば「作戦中止」

この実松が、私の取材に語っている。

「私たち武官は、本国との電話も暗号まじりで話していましたが、私自身はアメリカとの戦争の方向に直線的に進んでいるなとの思いを味わっていました。山本さんと直接に会話を交わすことなどありませんでしたが、大使館の公文書などで海軍が軍事上の準備に入っているのを知り、山本さんの気持ちを考えると憂鬱でした。人伝《ひとづ》てに、私は元気にやっています、とのメッセージをお伝えしたことはありますが……」

実松は、戦後になって改めて山本五十六についての著述を進めようと残された資料を見て、これほど苦悩していたのかと心が痛んだと証言している。この海軍内部のルートでは、山本の苦衷を同時代にナマで確かめた軍人は少なく、また戦時下で亡くなってしまったケースが多いようで、山本の苦悩の生々しさの証言としては、堀悌吉にかなわないと私には思えてくる。

堀宛ての書簡の中で、山本は最終的には昭和天皇の聖断があるのみだ、とも記述している。しかし天皇は、臣下の者が結論を出せずに判断を求めてきたならばともかく、東條内閣が開戦を決め、それを報告に来たならば裁可せざるを得ないというのが、その立場であった。それを超えて天皇が開戦を拒んだなら、『昭和天皇独白録』で明かされているように、クーデターが起こるか、内乱まがいの事態になるのは目に見えていた。山本の願いは現実には実ることはなかったのである。

旗艦「長門」の山本のもとには、すでに軍令部総長の永野から、大海令第一号が届いていた。軍事的発動を「十二月上旬」を期して、アメリカ、イギリス、オランダとの開戦を想定して、「作戦準備を実施すべし」という内容であった。「政略」は失敗するであろうから、十二月上旬からは「戦略」の時代に入っていくとの宣言でもあったのである。

山本の十一月中旬からの動き、つまり日米開戦に向かって進んでいく折の動きを丹念に見ていくと、堀に書簡を出した二日後（十一月十三日）、山本は岩国の海軍基地に、連合艦隊の隷下にあるそれぞれの艦隊の司令長官と作戦参謀たちを集めて、真珠湾奇襲攻撃の具体的な打ち合わせを行っている。言ってみれば指揮官たちの心情は、政治、外交の面での日米和解はもうありえない、加えて天皇の聖断が下されるような状況ではない、との意思をもってまとまったという言い方もできた。

このときに山本は、各艦隊の指揮官に、連合艦隊のもとにある機動部隊は、択捉島《えとろふ》の単冠湾《ひとかっぷ》に集結し、そして「十二月上旬」のXデーにハワイに向けて出港することや、暗号電報の内容（たとえば作戦決行日の暗号は「ニイタカヤマノボレ」といったことだが）を詳細に伝えている。こうした内容をすべて伝えたあと、山本は各司令長官に強い口調で断言したのである。このときの山本の言はすでに幾つかの書でも紹介されているが、「あえてつけ加える」と言ったうえで、山本は次のような命令を発したのだ。

「現在、ワシントンで日米交渉が行われているが、もしこの外交交渉が成功したならば作戦は中止。つまり決行日X日の前日午前一時までに出動を命じている全部隊に対して、引き揚げを命じる。その命令を受領したならば、たとえ航空攻撃隊が発進していても帰投させせよ」

山本の「宝の言」を隠蔽した上層部

山本にすれば、作戦実施中に外交交渉がまとまったならば、戦略、戦術はすべて中止、そして日本の母港に引き揚げよというのであった。あえてつけ加えるなら、山本は矛盾を百も承知のうえで、作戦を中止せよと言ったことになる。山本としてはその政治・外交への期待は依然として大きかったといってもよいであろう。むろん山本のこの命令に、部隊の司令長官のなかには、「そんなことは無理です。それでは今後の海軍の士気そのものにも影響があります。私はそういう命令はできません」と反論する者もあった。確かにその言は当たってもいたのである。一度弦を離れた矢をもう一度弦に戻せというのは並大抵のことではない。

このときの山本の反論も、一部の軍人の回顧録に残されているといわれるが、半藤一利の前述の著書から引用するならば、次のような強い口調だったというのだ。

「百年兵を養うはなんのためだと思っているか！　ただ国家の平和を護らんがためである。もしこの命令を受けて帰ってこられぬと思う指揮官があるならば、ただ今より出動を禁止する。即刻辞表を出せ！」

もとよりこの言に、集まった指揮官たちに声はない。山本の怒りの声に圧倒された指揮官たちは黙したまま、改めて山本のその本意を知ったのである。

私は、昭和十六年十二月八日までの海軍の戦争への道をなぞるたびに、政治の側を担った海相の嶋田繁太郎らにこのような気迫があったなら、日本の運命は変わったであろうと推測する。嶋田やその前任者の及川古志郎は、陸軍の強硬派に圧されるたびに、「海軍の立場は近衛首相に一任する」と言ったり、最終的に海軍が戦うのか否かという時にその返事を曖昧にした。またたとえば、「日本はアメリカと戦う国力はない」と大本営政府連絡会議などで発言する勇気を持っていなかった。

山本のようにこういう迫力に満ちた発言を行う勇気のある軍人はいなかった。嶋田にしても、このころの海軍部内では「東條の言いなり」と謗る声であふれていた。嶋田は実際にただひたすら日米開戦の強硬派の意見に追随するだけだったのである。このときに、山本が「軍令」ではなく、「軍政」の側にいたならば、日本の運命は変わったであろう。

山本が連合艦隊隷下での各部隊の指揮官を集めての会議の折に、最後に怒りの口調で話したという「百年兵を養うはなんのためだと思っているか！　ただ国家の平和を護らんがためである」との一節は、この国の「宝の言」である。これは今も生きている言ではないか。海軍の指導部は山本のこういった「宝の言」を歴史の中に隠蔽《いんぺい》してきたのである。山本を冷静に歴史上に位置づけるのは、次代の者、つまり私たちの役目である。

真珠湾作戦の「戦果」を喜ばなかった

真珠湾奇襲攻撃によって、現実に太平洋戦争が始まるわけだが、この直前の山本五十六はきわめて人間的な行動を取っていた。

アメリカから交渉文書であるハルノートが届くが、日本側はこれは受け入れられないと戦争を決意する。正式に決めたのは、昭和十六年十二月一日の御前会議であった。東條英機首相兼陸相、嶋田繁太郎海相、永野修身軍令部総長らの戦争の決意表明は、まるで出陣の時を告げる軍の総帥たちの声高な宣言であった。奇襲攻撃の日を「十二月八日」と定めたのである。前にも触れたが、山本は最終的に聖慮により戦争を避けたいと口にしていた。それはこのときの御前会議で、昭和天皇に「しかし戦争は避ける」と意思表示をしてもらうことだった。

現実に臣下の者に、戦争の再検討をと願い、東條内閣にその会議を行わせたが、事ここに至っては戦争以外にないとの結論が出され、そしてそう判断された以上、天皇としてはその判断を拒む理由を失っていた。天皇にとってもこの太平洋戦争の期間（約三年八カ月間）は、苦悩、後悔、そして不安との闘いとなったのである。

山本は開戦が決まったこの日、海軍首脳部からの呼び出しを受け、午後四時に旗艦停泊地の岩国から東京に向かった。開戦となって現実にさまざまな手続きを確認しておく必要があったのである。その一方で、参謀長の宇垣纏《まとめ》に連合艦隊の指揮下にある各艦隊司令長官に「ニイタカヤマノボレ（開戦の決定、十二月八日）」を伝えている。択捉島の単冠湾から出動していた艦隊は、戦闘態勢を継続して奇襲攻撃に入るとの最終命令を受けたのであった。

山本は十二月二日の夜に海軍兵学校時代からの親友である堀悌吉に会っている。堀は山本との思い出を語ったなかで、「（この日）山本は上京して、その時に会ったのが最後であった。（略）山本とは極親密にしていたが、会ったとて別に親しく長話をする訳でもなく『うんそうか』と云った具合で多くは以心伝心であった」（『帝国海軍提督達の遺稿 小柳資料〈上〉』水交会編）と、ふたりの間には深い会話はないにせよ、お互いを理解しあっていたと語っている。このとき堀は浦賀ドックの社長に就任したばかりで、二日の夜はそれを祝う宴をある財界人宅で開くことになっていた。山本はそれを知り、どうしても今夜に会いたいと頼みこみ、極秘の上京を知られないようにしたうえで、堀に会っている。

天皇、そして家族との最後の別れ

二人の会話は堀の思い出の稿によるのだが、「とうとう決まったよ」「そうか……」「岡田（啓介・海軍出身の重臣）さんなんかずいぶん言ったらしいが……」「効果なし、万事休すか」といった内容だったという。堀は山本が東京を去る日時を確かめ、見送ることを約束したというのだ。山本は堀にだけは、翌三日の天皇への拝謁を伝えている。戦争と同時に自らの死を予見し、山本はもっとも心を許した者にその真情を伝えていたのである。

三日午前十時四十五分、『昭和天皇実録』によるなら、天皇は「今般出征の聯合艦隊司令長官山本五十六に謁を賜い」、そして勅語を託している。この内容はきわめて明瞭な文体で書かれている。「朕茲《ちんここ》ニ出師ヲ令スルニ方《あた》リ卿ニ委スルニ聯合艦隊統率ノ任ヲ以テス　惟《おも》フニ聯合艦隊ノ責務ハ極メテ重大ニシテ事ノ成敗ハ真ニ国家興廃ノ繫《かか》ル所タリ」とあった。山本はこの勅語に対して、「奉答」した旨、実録には書かれている。その奉答の内容は次のようなものである。

「開戦ニ先《さき》ダチ、優渥《ゆうあく》ナル勅語ヲ賜リ、恐懼《きょうく》感激ノ至ニ御座イマス。謹ンデ大命ヲ奉ジ、聯合艦隊ノ将兵一同、粉骨砕身、誓ッテ出師ノ目的ヲ貫徹シ、以ッテ聖旨《せいし》ニ応ヘ奉ツルノ覚悟デ御座イマス」

実録によるなら、山本は勅語を受けて退出し、改めて奉答文を作成し、それを海軍側の侍従武官に託して、天皇のもとに届けたというのであった。そして、天皇はこの奉答文に感動して強い関心を示したのか、三回も読み直したと書かれている。天皇は、海軍部内にあっての山本の立場をどれほど認識していたかは不明であるにしても、米内光政らと三国同盟に強く反対したこと、さらには陸軍の主戦派に批判的であることは、当の米内や元首相であった近衛文麿などから何度か聞かされていたのではないかと、私には思える。

この夜（三日）、山本は青山にある自宅に帰っている。この一年、山本はほとんど自宅に戻れない日が続いていた。この時の久しぶりに家に帰ってきたときの様子を長男の義正が『父　山本五十六』という書の中で明かしている。結果的にこの時が、山本と家族との最後の別れになるのだが、この書を読むと、山本はそのことを覚悟し、そして家族に別れを告げていったように思える。

礼子夫人はこのころは肋膜炎《ろくまくえん》で臥《ふ》せていた。お手伝いが家事をしたり、子供たちの日常を世話していた。食事は居間の六畳間で四人の子供たちが取り、夫人は寝室で済ましていたという。山本は家に戻ると、「今夜の食事はお母さんの部屋でいっしょに食べよう」と言って、夫人の病室でもある部屋に家族全員の食卓が並べられた。この模様は、やはり半藤一利著の『聯合艦隊司令長官　山本五十六』にも書かれている。この半藤の記述を引用すると以下のようになる。

「(保阪注・食卓を夫人の部屋に用意することを）五十六さんは、はっきりとした声音でそう言いました。このとき礼子も、そして子どもたちも、父の心のうちにあるものを了解したのです」

つまりこれが最後の夕食になることを理解したとの意味だった。つけ加えるが、実際にそうだったのである。

礼子夫人は病床から半身を起こし、そして子供たちと山本とともに食卓を囲んでいる。山本が久しぶりに帰ってくるというので、夫人は鯛の尾頭つきをあわてて注文した。ふつうなら山本は、気軽に魚をむしり、それを少しずつ子供の皿に分けてくれるのだが、この日はその魚に一切箸をつけなかった。静かに食事を進める家族の姿を、山本はときどき静かに見つめていた。子供たちのその姿を脳裏に刻んでおこうとしたのであろう。

次の日、山本は中学生の息子が玄関を出ていく姿を見送った。そんなことは初めてのことでもあった。義正の前述の書から引用すると、「行ってまいります」という義正に、「行ってきなさい」と山本は答えた。

「目と目が合って、躊躇《ちゅうちょ》することなく、私は玄関を出た。そして戸を閉めず、そのまま歩き出した。視野の片すみに、立っている父の姿が残っている。ゆっくり、一歩一歩あるきつづけた。私は、父の視線と心を背中に熱く感じていた」

山本の心情は、言葉にはならなかったにせよ、義正には伝わっていたのである。

苦衷を誰かに知ってもらいたい

岩国に戻る列車が横浜駅に入ったとき、山本はわずかの停車時間にホームで再び堀と会い、そして別れを告げた。二人は、「じゃあ、山本、元気で……」「ありがとう。もう、おれは帰れんな」と会話を交した。

なぜ私は、山本のこうした別れにこだわるのだろうか。それはただひとつの理由による。人は自分の志とはまったく異なる道を歩くとき、その苦衷を誰かに知ってもらいたいとの思いがあるからである。

十二月二日、三日、そして四日、山本は天皇、親友、家族に会い、それぞれに異なる感情を持ちながら、別れを告げていく。それは自分の考える道とは異なるにせよ、自らの置かれた立場、地位を考えるなら心中とは反対だと叫んでも、その行動には全力を尽くさなければならないとの矛盾を背負っているからである。その気持ちを親友や家族には理解してほしいからであった。親友や家族を通じて、歴史にそのことを刻んでほしいと願っているとの意味も汲みとれる。

私は陸海軍の軍人やその当時の新聞記者たち何人にも、山本五十六の人物評について話を聞いてきた。たいていの人は、山本を戦略家として見るのに終始している。半面、山本を人間的にたたえることに終始する者もいた。しかし、山本の真珠湾奇襲に至るプロセスに見られるのは、自らの真の気持ちを親友や肉親の一部にしか明かしていないという現実であった。

私が話を聞いたなかでは、実松などほんのわずかな参謀や部下たちがその心情を聞かされていたように思う。実松は、その著『あゝ日本海軍』下巻の中で明かしている。

十二月八日、日本軍による真珠湾奇襲攻撃は軍事的に大成功をおさめた。この日、日本中はわきたった。昼夜の別なく、全国至る所で日本社会は興奮状態になった。内大臣の木戸幸一もその日記に「『ホノルル』奇襲大成功ノ吉報ヲ耳ニシ神助ノ有難サヲツクヅク感ジタリ」と書いている。こうした興奮状態のとき、山本はむしろ旗艦長門の司令長官室で黙したままの状態で、笑顔もなく、考え事をしていたというのだ。実松は書いている。

「沈思黙考する山本の胸中を去来したものは、戦争によって多数の部下を失う苦しみと、前途に光明を見いだしがたい戦争――こうした戦争にならないよう、かれは海軍次官時代に、太平洋戦争にまで必然的に発展するおそれある日独伊三国同盟の締結にたいし、身命を賭して反対しつづけた――に突入してしまった沈痛な気持であったろう」

実松は、私の取材の折にも、「あのころの日本国民は、山本さんのこういう気持ちを知るべきであった。それを知らなかったこと、いや知らせなかったこと、それは海軍首脳をはじめ、当時の日本の政治、軍事指導者たちの責任だと思う」と話していたが、それはまさに至言だったのである。

「外務省に手ぬかりはないか」

山本は、十二月八日午前三時半（日本時間）の真珠湾奇襲攻撃の報告を旗艦長門の作戦室で確かめている。相次ぐ作戦成功の報に、作戦室の中は喜色であふれている。しかし、山本の表情にはまったく笑顔がなかった。その表情は作戦の成功を喜ぶというより、次の段階をどうするのか、あるいはこの攻撃自体を正規の外交ルートでは正確に伝えているのか、そのような案じ事が山本を捉えていたのである。

山本は一度長官室に戻った時、政務参謀の藤井茂を呼んで、「アメリカへ開戦通告を出す時間と攻撃開始時刻の間は大丈夫だろうな。外務省はそのような手ぬかりはないか、もしこの攻撃が無通告の騙《だま》し討《う》ちとなったら、申しわけがたたない。この点はよく調査しておくように……」と命じている。

もし外務省の通告が遅れたら、日本海軍は騙し討ちしたことになる。そんなことはないだろうな、との懸念であった。山本の心中には、「開戦」という一事に伴う政治、外交についての不安があり、それを拭い去ることはできなかったのである。歴史的に言えば、この山本の不安は現実のものとなった。ワシントンの駐米日本大使館は、外交交渉の打ち切り、そして国交断絶という通告を、真珠湾奇襲攻撃とほぼ同時に行うという予定をまったく狂わせていた。予定よりはるかに遅れたのである。山本は、アメリカ側から「騙し討ち」の張本人のように見られることになった。しかも山本は、そのことをアメリカの短波放送を聴いて知った。

アメリカのルーズベルト大統領は、真珠湾奇襲攻撃を受けた十二月七日の午後、議会で演説を行い、日本軍は何の通告もない「騙し討ち」を行ったと繰り返した。メディアは一斉に、外交交渉を継続しているにもかかわらず、日本はこういう汚い手を使ったと、こちらも何度も繰り返した。

もとより初めは、山本はその放送を信じていなかった。しかし政務参謀の藤井茂の調査などにより、どうやらこれは本当らしいと気づいた。そのとき山本は、「僕が死んだあとは、陛下と日本国民に、連合艦隊は初めからそんな計画だったわけではないとはっきり伝えてほしい」と周囲の者に洩らしている。山本にすれば、どこまで自分の志と違うことをやってくれるのか、という怒りであっただろう。

「日本海軍の名がすたる」

山本五十六は開戦直前、「アメリカに対して最後通告を手交する前に真珠湾攻撃にならないよう、とくに配慮してほしい」と、海軍省や軍令部に何度も伝えた。昭和十六年十二月三日ごろと思われるが、軍令部に対して次のように念を押している。

「戦争は堂々とやるべきである。無通告などはとんでもない。事前通告は必ず行うように……」

と繰り返す山本は、当時の東條英機首相兼陸相や嶋田繁太郎海相らをまったく信用していなかった。軍令部総長の永野修身にもその懸念を持っていた。昭和十六年十一月の日米交渉がしだいに頓座していくのに比例して、日米開戦を主張する陸海軍の主戦派は、戦争に伴う政治や外交の正規のルールを無視するが如き態度をとっているように思えたからだ。

山本は連合艦隊の旗艦である「長門」の長官室で、どうやら日本は事前通告が遅れ、攻撃からかなりたった時刻にアメリカ側に外交交渉打ち切りの通告を行ったらしいとわかってくると、表情は怒りそのものになった。

当時、ワシントンの駐米大使館が、アメリカ政府に外交断絶を伝えて、いわば軍事的行動を起こす正当性を持たせることを怠った件は、日本の政府や軍内部では秘密とされていた。外務省はこのことを公式に明かさなかった。しかしアメリカ国内でのルーズベルト大統領の対日戦布告の演説をはじめ、海外の放送は一様にこの失態を報じていた。つまり日本はなんの通告もなしにいきなり、アメリカの領土を爆撃して戦闘を開始したというのである。このような放送に対して日本の軍事指導者たちは、「アメリカ側の悔しまぎれの言い草だろう」と受け止めたにすぎなかった。しかし山本だけは違った。

アメリカへの通告遅延がどうも事実らしいとわかったときの山本の有名な言がある。この言は、日本人の国民性の一端を語ったものであり、山本が次代に託した遺言であると言ってもいいであろう。あえて紹介しておきたい。

「日本の武士は、たとえ夜討ちをかけるときでも熟睡している者に斬りつけるようなことはしない。少なくとも枕だけは蹴って、それから斬りつけるものだ。何の通告もなしに攻撃を仕掛けたとあっては、日本海軍の名がすたる」

山本はこの無念さと怒りを抱えこみながら戦死したのである。

駐在武官が見た「外務省の怠慢」

話はいきなり飛ぶが、平成三（一九九一）年のこと、私は東京・小金井に住む実松を訪ねてこの通告遅延問題について率直に質したことがある。すでに記してきたように、ワシントンの駐米日本大使館で海軍の駐在武官として勤務していた実松が、この問題について証言していたのを覚えていたからである。昭和五十年代から、私は実松とは十回余は会っているのだが、この時も実松の老いの身からはまだ「昭和史解明」の情熱が感じられた。

そこで次のようなやりとりをしたことが、私のメモには残っている。

「山本さんは、大使館の怠慢によりアメリカ国務省への通告が遅れた真相を、つまりはくわしく確認することもなく、お亡くなりになったわけですが、この点について秘書をされていた実松さんはどう思われますか」

この言は実松を刺激することになった。山本の性格をもっとも熟知している実松は、「山本さんも無念だったと思いますよ。なにしろその真相は知らずにお亡くなりになったのですから……」と話し、そして駐在武官の目で見た外務省の怠慢を声を大きくして批判した。それは山本に対する強い畏敬の念と、山本の本意をまったく理解できなかった当時の政治指導者たちの罪を問うことでもあった。もしその真相を山本が知ったら、自らの不安がすべて的中していたことに愕然《がくぜん》としたことだろう。

なぜ駐米日本大使館の通告は遅れたのか。そのことは今も公式には明らかにされていない。開戦から五十年後の平成三年、私は『文藝春秋』十二月号に「外務省50年の過失と怠慢」という稿を書いた。なぜ通告が遅れたのか、そのことを徹底的に調べたのである。そこからはさまざまな問題が浮かび上がってきた。その日本的問題を箇条書きにしてみると以下のようになる。

（一）外務省本省と駐米大使館の連携の悪さ。
（二）駐米大使館内の書記官同士の人間関係の複雑さ。

（三）駐米大使（野村吉三郎）と館員の信頼関係の欠如。
（四）大使館内の日常業務（とくにタイピストの仕事）の不明朗さ。
（五）外交官と駐在武官たちの関係の希薄さ。

こういった事情が次々に浮かび上がってくる。昭和十六年十二月一日の御前会議で、日本は対米英蘭との戦争を国策とすることに決定する。そこで外務省は、外交通告文書をいつアメリカに送るか、参謀本部や軍令部と相談する。戦争指導を行うこの二つの組織は、通告時間は遅ければ遅いほど作戦計画は円滑にいくと考えているから、自分たちに都合のいい時間を指定する。

つまり軍人たちは最後の段階まで、偽装外交を行えと命令するのである。むろん外務省は抵抗する。しかしこうした思惑がからんだやりとりの揚げ句に、国務省に野村大使が通告文書を届けるのは「日本時間十二月八日午前三時（ワシントン時間十二月七日午後一時）」と決まった。日本軍はこの三十分後に真珠湾奇襲攻撃に踏み切ることになっていた。

外相も知らなかった「三十分後の攻撃」

むろんこのことは、山本にも知らされていた。山本は三十分しか時間がないことにかなり不安を持ったようで、間違いなく三十分前に駐米大使館は通告するのだろうなと、しばしば口にしていたのである。

不思議なことに参謀本部や軍令部の指導者は、東郷茂徳外相に午後一時にアメリカ側に通告せよと言いながら、その実その三十分後に攻撃を開始するということは、まったく伝えていない。つまり外務省は、軍事指導者たちから開戦は伝えられていたが、それがいつ、どこで、どのような形で行うのかはまったく知らされていなかったのである。

外務省は軍事の側と調整したように、まず初めに「十二月七日午後四時（ワシントン時間七日午前二時）から七日午後十時（同午前八時）」に通告文書を送る前段階として、以上の時間に重要な文書を送る旨、駐米大使館に電報を送っている。そして長文の電報（第一部から第十三部までであり、これまでの日米交渉の経過を振り返って、日本の言い分がまったく通らない旨を記述している）を予定の時間より送り始めている。

むろん暗号電報によってである。実は、このころの暗号電報のすべてをアメリカの情報機関は傍受、解読していた。それは大統領や国務長官など最高指導者八人にのみ届けられていたのである。日本はアメリカの掌《てのひら》の上で踊っていたと言ってもよかった。

そして最後の第十四部の電報は、ワシントン時間の七日午前八時に本省から、駐米大使館に送られた。この第十四部は、第十三部までの日米交渉の経緯をなぞったうえで、日本はアメリカとの国交を断絶するとの内容であった。断絶というのは、いわば今後は戦争状態に入ることだとの意味でもあった。

外務省本省からのこの電報は、これら一連の電報は大使館の一等書記官のみがタイプを打つようにとも命じていた。秘密が洩れるのを恐れたのである。つけ加えておくが、このとき大使館には四人の書記官が業務を分担していて、寺崎英成は情報や謀略、奥村勝蔵は対米交渉、そして他の二人は法律などを担当していた。タイプを打つのは対米交渉担当の奥村であったが、奥村はそれほど速くタイプを打つことはできなかった。野村の秘書だった煙石学《えんせきまなぶ》によると、その打ち方は雨だれ式だったために、実際は国務省のハル長官に午後一時のアポイントをとっていたのが間に合わないことがわかり、煙石なども手伝ったと証言する。

さてこれだけのことを理解して、十二月七日の日曜日の様子を語っておかなければならない。実松は、山本に詳細を伝えることなく終わったのだから、私は、山本を悼む思いで、実松の側からみた通告の遅れを語っておこう。この実松証言に対して、当時の駐米大使館の書記官や電信官たち（私は何人かに取材したのだが）の証言はズレがあることを認めなければならない。しかし真相がいまだに明らかになっていない以上、私は実松証言を山本に届けなければとの思いがあるのだ。

「何から何まで山本さんの不安が的中」

この日（十二月七日）は日曜日であったが、実松は午前九時に大使館に出勤する。郵便ポストには、新聞の束と牛乳、それに電報の束が置いてあったというのだ。駐在武官は午前九時には出勤すると決めていたが、大使館員はまだ出勤していない。実松は、「大使館の連中はだらしないなあ」とつぶやき、その新聞や電報の束をそれぞれ陸軍、海軍、外務省に分けて部屋に届けた。

実松の証言を紹介する。

「大使館員の当直制度は杜撰《ずさん》だったように思う。日米交渉が緊迫していくなかで、私たちは電報は着電するとすぐに処理すべきではないか、と海軍の立場から大使館に申し入れていました。だがいっこうに改善されていなかった……」

この点は実松の言は当たっていて、大使館の館員は対米交渉がうまくいっていないのは知っていたにせよ、戦争に入る状態までは想定していなかったのだ。そのために第十三部までの電信の文書づくりもまだ終えていなかったのである。これもつけ加えておくが、大使館の電信室には本省からの暗号電報が電信で来るが、それとは別にアメリカの電信電話局を通しても文書でやりとりしていたという（これはアメリカ側も日本の中央電信局を使うことが双方の約束でもあったようだ）。

実松は、電報がずいぶん多く来ているが……と海軍側として大使館の公使などに伝えている。大使館の業務はすべて円滑にいっているとの答えであったが、確かにこのころから奥村はあわててタイプを打って、アメリカ国務省に渡す文書づくりに汗を流すことになる。しかしその作業はなかなか進まない。そのために電報にある「午後一時に国務省に届ける」のはしだいに無理な状態になる。

野村大使の秘書の煙石は、ハルに再び電話を入れ「午後一時の約束を二時に変えてほしい」と伝えた。そのあと野村はやはり同行する来栖《くるす》三郎とともにタイプ室を覗いては、まだか、まだか、と催促している。タイプ室の奥村は、そしてそれを補佐する館員たちは、第十四部の暗号解読、そしてタイプを打っているうちに、これは戦争だ、とやっとわかってきたというのだ。タイプ室は異様な興奮状態になった。

実松が昼食を終えてタイプ室を覗くと、誰もが興奮状態だった。実松は、「やはり開戦か」とつぶやき、二階の駐在武官室に戻ったというのである。そしてこれまで何度か訓練を積んできたように、暗号機を解体し、書類を焼却する作業に入った。これが午後二時少し前だったという。玄関口では野村と来栖が、書類かばんを抱えてあわてて車に乗るのが見えた。

このとき日本軍はすでに真珠湾奇襲攻撃に入っていたのである。

野村と来栖がハルのもとに駆けつけたのは、午後二時五分。十五分待たせてハルは二人の前に現れた。二人から渡された文書を読むと、「私の外交官生活の中でこれほど悪質な文書は読んだことがない」とハルは怒りの表情を示した。しかし二人はまだ真珠湾奇襲攻撃を知らなかったのである。実松が言うように、「何から何まで山本さんの不安が的中していたんです」との言に、改めて根本的な自省をもとに真相を明かすべきだと私は考え続けている。

第三章 ミッドウェー海戦と太平洋戦争の転回

「勝利病」なる傲慢な空気

真珠湾奇襲作戦は、軍事的にはきわめて珍しいほどの成功であった。しかし政治的、歴史的には成功とはいえなかった。アメリカ世論は、日本の騙し討ち《スニーク・アタック》の攻撃に激怒し、アメリカ史上初めて一つにまとまった。国防省の志願兵の窓口には、入隊希望者が殺到した。

当日（一九四一年十二月七日）、日本軍の攻撃がラジオの臨時ニュースで流されると、ワシントンの日本大使館の前には市民が集まってきた。口々に「汚いぞ、ジャップ」と叫んで門の扉を揺らした。いつ暴徒化してもおかしくはなかった。駐在武官の実松譲は、その騒ぎを二階の武官室から見ていた。山本五十六の名を叫び、死刑にしろと興奮する者もあった。

そのうちに騎馬警官が集まってきて、暴徒化する群衆をなだめ始めた。マイクでなだめるその声は、「今ここであなたたちが、日本大使館を襲って危害を加えたなら、トウキョウにいる我々の大使館も何をされるかわからない。がまんしろ、がまんしろ」と伝えていた。そのためか扉を揺すって今にも、大使館に入ってきそうな連中も、しだいにその怒りを抑えた。

実松は、この奇襲攻撃は日本海軍の連合艦隊によって行われ、その責任者は山本五十六であるとラジオ放送されることに複雑な思いを持った。最もこういう騙し討ちを嫌う人物が、外務省の不手際の責任をとらされていると思うと、かつての秘書官としては内心穏やかではなかったのである。

山本は真珠湾奇襲攻撃に続く第二段の作戦計画を考えていた。第二段作戦もアメリカの太平洋艦隊に致命的な打撃を与えて、戦闘を切り上げる政治交渉に力点を移していく。それが山本の戦略の根本思想でもあった。ところが軍令部や参謀本部の作戦参謀たちは、とくに第二段作戦を考えていなかった。真珠湾奇襲攻撃作戦によって日本陸海軍は、太平洋の広い地域に兵力を送りこんだが、それは長期不敗態勢を確立するためであった。したがって第二段作戦はどこをどのようにカバーしていくか、いわば第一段作戦の成功の弱いところを補充する、あるいはさらに前進基地を広げていく積極的な作戦を考えていたのである。

しかしあえてつけ加えておかなければならないのは、真珠湾奇襲攻撃によって日本国内には「勝利病」なる傲慢な空気が生まれたことだ。なんだ、アメリカとてたいしたことないではないか、日本の前にひとたまりもない、といわば傲岸不遜というべき心理状態が生まれた。とくにこれは陸海軍の軍人のなかに顕著で、横須賀界隈の海軍のよく利用する料亭などでは、芸妓《げいぎ》が「次は大変な作戦らしいですね」と言ったとか、軍人周辺では「アメリカさんもまもなく降参するよ」といった類いの話が平気で囁《ささや》かれた。こんな空気は山本の耳にも入ってきていた。

戦争を早く終わらせるための大胆な作戦

長期戦になればアメリカの国力がどの程度か、日本人はたっぷりと知らされることになるのに、そんな恐れなど感じもせずに、傲岸不遜な態度の日本人。山本の心中には国民がいつかアメリカの真実の姿を知り、軍部に対して怒りの矛先を向けるであろうことは、容易に想像できた。二度にわたる米駐在武官生活、軍縮会議への全権団の随員、その体験から、山本にはいずれアメリカに屈服する姿さえ想像できたのである。さらには日本人の熱しやすく冷めやすい性格も懸念材料だったというべきであった。

半藤一利『山本五十六』には、昭和十六（一九四一）年十二月二十七日に甥にあてた山本の書簡が紹介されている。そこには、「爾後の作戦は、政戦両翼、渾然たる一致併進を要する次第にて、これが処理にはたして人材これあるべきか、従来の如き自我排他、偏狭無定見にては、なかなかこの広域の処理、持久戦の維持は困難なるべく、杞憂は実はこの辺にありと愚考せられ候」とあった。和平の道を模索するのにそれだけの人材はいるのか、と嘆き、持久戦（長期不敗態勢）などは日本の国力では無理だと説いているのである。

あえていえばこういう本音を身内の者にしか洩らすことのできない山本は、軍内では孤立した状態にあったと言ってもよかった。

山本と山本の命令を受けて動く連合艦隊の参謀たちと、軍令部の幕僚たちの間で第二段作戦をめぐって対立があった。軍令部の幕僚は真珠湾奇襲攻撃が予想外の戦果だとして、この勝利をもとに長期不敗態勢を目論《もくろ》んだ。軍令部は第二段作戦としてフィジー・サモア作戦を主導していた。アメリカとオーストラリアとの遮断を目的に、占領地域を広げ、そこに広範囲な不敗態勢を築こうというのであった。むろん山本はこんな戦域を広げるような作戦にまったく納得できなかった。

山本にすれば、日本の国力を正当に分析しているのか、つまり対米戦争の根幹をいかなるふうに考えているのか、政略を駆使しようともしない軍事一本の短兵急な考え方に強い怒りを持っていたと言っていい。

連合艦隊の参謀たちが、第二段作戦として山本から受けていた命令は、主要点は四点あり、それは「セイロンを占領。インドを英領から脱落させる」「ハワイを再攻略」「オーストラリア北部に進攻」「ミッドウェー攻略」だった。山本はアメリカ海軍の太平洋艦隊の戦力を大幅にダウンさせ、そして戦争の主導権を握りつつ、政治交渉に入ることを内心では想定していた。「ハワイ再攻略」作戦は、ハワイに上陸して四十万人余の市民や軍人を捕虜にして、本土を窺う態勢をとる。いわばハワイを人質にして、アメリカ社会の戦意をくじくという大胆な案であった。

戦争を一刻も早く終わらせるには、こうした大胆な作戦が必要だという意味である。しかし軍令部との交渉ではこの案を口にしたわけではなく、連合艦隊の戦闘の一形態と考えていたようだった。それにしても山本は大胆な発想をする軍事指導者といってよかった。こんな作戦計画を考える軍人は確かに日本海軍内部にはいない。しかし、セイロン島の制圧を主張する連合艦隊の参謀たちと、軍令部の幕僚の第二段作戦をめぐる対立は、真珠湾奇襲作戦を含む第一段作戦時の打ち合わせと同じように深刻なものとなった。

ミッドウェー作戦の「隠し玉」

結局、軍令部の幕僚らによりセイロン島の制圧は無理であると否定された。これには陸軍の協力も得なければならなかったが、それが得られないというのだ。

昭和十七年三月の段階で、軍令部の主張するフィジー・サモア作戦が有力となったが、山本の部下である参謀たち、なかんずく連合艦隊の作戦計画の中心にいた黒島亀人らは、セイロン島案がだめなら、ハワイの再攻略を考えて、「四十万人捕虜」の作戦案に傾いたりもした。このための足がかりとして、日本とハワイの中間にあるミッドウェー攻撃が有効ではないかとの案が浮上した。むろんハワイ再攻略などはこのミッドウェー作戦の隠し玉のような意味があった。

これは私の推測になるが、連合艦隊の参謀たちは、この案に辿りついたときに内心で、〈これほど有効な第二段作戦はあるまい〉とつぶやいたことだろう。山本の参謀たちは、四月一日に連合艦隊の参謀案として、きわめて具体的な案を山本に示している。次のような案であった。

「五月　ポートモレスビー（ニューギニア東南部）攻略
六月　ミッドウェー作戦
七月　フィジー・サモア攻略
十月　ハワイ攻略作戦」

山本はこの作戦計画にうなずいた。実松は戦後になって『あゝ日本海軍』（上・下）を著したが、この中でポートモレスビー攻略により、ニューギニアに航空基地を造り、オーストラリア方面への航空作戦を進める案は、アメリカの機動部隊を誘いだすという意味もあった、この案は、開戦時から考えられていたとも記述している。

実松によると、真珠湾奇襲攻撃からまもなく、オーストラリア方面に作戦行動を行っていた潜水艦が日本の基地に帰投中に、事故を起こして行方不明になったと報告されたそうである。しかし現実には、アメリカの駆逐艦とオーストラリア海軍による包囲作戦で撃沈された。昭和十七年一月二十日のことだった。そしてこれは戦後になってわかったことだったが、水深五十メートルの海底に沈んだこの潜水艦に、アメリカ海軍はひときわ腕のよい潜水士をもぐらせた。彼らの目的はこの艦内から重要書類を探し出すことだったのである。

実際にアメリカ海軍はこのときに拾いあげた暗号書によって、連合艦隊司令部がその隷下にある艦船に伝える暗号はすべて読みとっていたというのである。ポートモレスビーの占領やオーストラリアへの威圧など、第二段作戦は読み抜かれていたというのが真相であった。

連合艦隊の参謀たちが考えた第二段作戦案と軍令部案との間で調整が始まった。連合艦隊の作戦参謀の渡辺安次が、東京に赴いてこの第二段作戦の説明を行った。フィジー・サモア作戦などはともかくとして、ミッドウェー作戦は、不敗態勢を考えている軍令部の幕僚たちには愕然とする案であった。ミッドウェーのような小島を死守するために、アメリカ海軍の太平洋艦隊が総力をあげて出てくるわけはない。ここを前進基地としてどこを狙うというのか、と怒号で反論したというのである。

山本が懸念した「帝都爆撃」

渡辺は、それらに猛然と反発した。

「連合艦隊の作戦の骨格は、敵機動部隊を誘いだし、そして撃滅することです。その効果がもっとも大きいのはミッドウェー作戦しかありません」

山本はこの年三月から就航した戦艦大和を旗艦とし、その長官室に閉じこもっていることが多くなった。このころは瀬戸内海の柱島に停泊していた。

四月三日、四日、五日と軍令部の幕僚と連合艦隊の参謀との間で、連日激しい議論が続いた。議論のポイントはミッドウェー作戦を六月に実施するか否かにかかっていた。いつまでも甲論乙駁ではラチがあかないとみた渡辺は、ある段階で、「長官のご判断を仰ぎたいと思います」と連合艦隊との直通電話をとりあげた。この電話のあと、渡辺は緊張した面持ちでこう答えたという。

「もしこの案が通らなければ、山本長官はお辞めになるとおっしゃられている」

この言い分は、真珠湾攻撃時とまったく同じであった。山本の部下たちは、この言をもっとも有効な武器として使ったのである。山本が実際にこのような言を洩らしたか否かは、わかっていない。渡辺が直通電話をかけたときに、山本が受話器をとったのではなく、黒島亀人だったのだろうと推測されている（半藤説）。山本は天皇から任命されている軍人であり、自らの意思で辞めることなどできない。辞表を手に自説を通すことなどはとうていありえない。しかし、このころの海軍内部の作戦に携わる軍人たちにとって、山本の名はまさに天皇に次ぐほどの権力と権威を持つ存在になっていたのである。

軍令部の幕僚たちは、この言ですべての議論をやめた。二派の論争を聞いていた軍令部次長の伊藤整一は、作戦部長の「山本長官におまかせしましょうか」との言に、深くうなずいて了解を与えたという。

こうして第二段作戦の中心は、ミッドウェー作戦にと決まった。フィジー・サモア作戦では、アメリカ海軍との艦隊決戦は無理で、あまりにも戦場が遠い。だが、ミッドウェーならまだ日本軍の制空権も及ぶ。この海域にアメリカの艦隊をおびきだして一大決戦を行い、機動部隊を撃滅させるという作戦は、長期不敗態勢よりも短期決戦にふさわしいし、戦争終結の可能性も高まるとの読みも、山本の心中にはあった。

国民世論は常に極端な動きをする

第二段作戦のミッドウェー攻略戦がさらに正当性を与えられたのは、ドゥリットル隊による「帝都爆撃」が理由でもあった。第一段作戦の真珠湾奇襲攻撃により、日本はそれこそニューギニアにまで、そしてアリューシャン列島ではアッツ島やキスカ島までその制圧地域を広めようとしたというのに、その足元をアメリカ軍機十六機の攻撃隊によって爆撃されたのである。

真珠湾攻撃が成功して以来、東條英機首相兼陸相は、「本土爆撃などありえない」と豪語していた。陸海軍の兵力は、天皇の住む帝都をアメリカ軍の攻撃から防ぐのには十分であり、国民に向けてもそのことを説いていた。しかし実際には、空母ホーネットは東京から六百六十九マイル離れた地からB-25を飛びたたせ、日本列島を襲ったのである。東京、千葉、横須賀、名古屋、川崎、神戸、新潟にと爆撃を加えている。こうした空襲によって、東京では航空基地の六十一機が焼失しただけでなく、千二百戸以上の世帯が被害を受けた。非戦闘員としては、東京、横浜などでは百三十人余の被害を出した。軍事指導者にとっては驚きの日となったのである。

東條はこの日（昭和十七年四月十八日）、水戸に出張していたのだが、すぐに東京に戻り、天皇のもとに駆けつけて「帝都爆撃」を「申しわけなき」と伝えている。この政治・軍事指導者は、天皇を不安にさせたという一点で謝りに駆けつけていたのであった。

山本はこの日、旗艦大和の司令官室でこの報に接し、しばらくは沈黙の中にいた。

案じていたことがその通りになったからである。どれほど前線で戦果を上げたとしても、「帝都爆撃」となれば、天皇の不安は高まるだろう、国民は戦争の前途に不安を覚えて、暴動まがいの行動を起こすかもしれない、それが山本の不安であった。

山本は国民世論の動きを実は若い士官時代から常に見守っていた。海軍兵学校を終えて日露戦争に従軍した折に、バルチック艦隊を破り、勝利を我が物にしていくときに、国民世論はまさに沸騰した。同時にポーツマス会議で、戦時勝利に賠償金が取れると思ったのに取れないとわかった時は、日比谷での新聞社焼き打ちがあった。国民世論は常に極端な動きをするというのが、山本の判断だったのである。

山本が短期決戦で今次の戦争を収めようとしたのは、もとよりアメリカとの間の国力に大きな開きがあるからということもあったが、長期戦になれば国民の士気が一気に下がるだろう、それも敗戦続きになれば戦争など継続できない状態になるだろうと案じていたのである。国民のそういう恨みが、天皇に向かうことはないか、それを他の軍人よりも案じていたのであった。

艦隊決戦を挑むのが真の目的

　これ以上の帝都爆撃を防ぐにはどのような作戦があるか、それはまさに連合艦隊司令部の参謀たちが示しているミッドウェー作戦であるということになった。この作戦を進め、ミッドウェー島を制圧し、そこに日本軍の守備部隊を駐屯させることになった。この上陸作戦には旭川の第二十六連隊が当たることになり、この連隊の主力で編成する一木《いちき》支隊（一木清直支隊長）二千人が、ミッドウェー作戦に急遽参加することになった。

　しかし山本ら連合艦隊の参謀たちは、ミッドウェー攻撃とみせかけて、その実アメリカの太平洋艦隊を呼び出して艦隊決戦を挑むのが真の目的であった。太平洋艦隊の空母全体に打撃を与え、太平洋の制海圏・制空圏とも獲得しなければならない、そうでないと、二度、三度と帝都爆撃は繰り返されることになるというのが、このころの山本の信念にもなっていった。

　昭和十七年五月五日、軍令部は山本長官にあてて「大海令第一八号」を発令した。その内容は「陸軍ト協力シＡＦ及ＡＯ西部要地ヲ攻略スベシ」というものだった。Ａ

Ｆというのは「ミッドウェー島」であり、ＡＯは「アリューシャン列島」であった。これを正式に山本の指揮する連合艦隊に託したわけだが、山本のもとで黒島亀人らが立てた緻密な作戦計画にもとづいて進めれば、アメリカの太平洋艦隊に大きな打撃を与えることが可能だと思われたのである。こうして連合艦隊は、ニミッツ提督の率いる太平洋艦隊と向きあうことになる。これは一大決戦になるかわりに、一歩間違えば日本は連合艦隊の主力をつぎこみ、大きな痛手を受けるかもしれなかった。

歴史的にみれば、ニミッツと山本の知謀を尽くした戦いだとも言えた。むろん山本とニミッツの知識・人間的力量、さらには情報分析力、戦略と多様な面での戦いとなっていったのである。

山本のもとに集まっていた参謀たちは、ミッドウェーを占領する日を六月七日（作戦上はＮ日）と定めた。この日に合わせて連合艦隊の各艦隊の行動計画を細部にわたって立て、それに沿っての戦闘態勢に入るよう命じた。

概観しておくと、Ｎマイナス４（六月三日）にアリューシャン列島に攻撃をかけ、あたかも日本はアッツ、キスカに関心があるように装い、そちらに太平洋艦隊の目を引きつける。Ｎマイナス３（六月四日）に連合艦隊の麾下《きか》にある機動部隊が、ミッドウェー島に攻撃をかける。島のアメリカ軍の施設をすべて破壊する。それを機に陸軍の一木支隊が上陸を目指してミッドウェーに向かう。このミッドウェー攻撃を知り、北方、つまりアリューシャン方面に向かっていた太平洋艦隊が戦略を変えて、ミッドウェーに向かって針路をとるであろう。日本の機動部隊がミッドウェー方面に動いているのを見て、太平洋艦隊もすぐに出撃するであろう。これらの部隊は、日本の潜水艦部隊がハワイ沖で待ち受けていて攻撃する。

Nマイナス2（六月五日）、日本陸軍はアッツ島に上陸、日本軍の意図をわからせまいとする作戦である。Nマイナス1（六月六日）、一木支隊ミッドウェーに上陸。そして七日から急いで航空基地をつくるという計画であった。N、Nプラス1（六月八日）にそれぞれ個別に動いていた連合艦隊の機動部隊が太平洋に四方形の枠をつくり、太平洋艦隊をその中に閉じこめる状態にして殲滅《せんめつ》作戦を行うというのであった。

短期決戦の姿勢を崩さなかった山本

この作戦には二つのポイントがあった。ひとつは連合艦隊麾下の各部隊の司令官が、自らに与えられた任務を正確に理解し、自分たちの部隊はN日に至るまでにどのように動くか、それぞれの日にどの地点にいるか、そしてどのような戦闘を行うのかを詳細に理解していなければならなかった。もうひとつは、各部隊は真珠湾奇襲攻撃よりもさらに綿密な戦闘態勢が必要だった。しかしこの点では、ミッドウェー作戦は真珠湾作戦よりずっと楽だという傲《おご》った気分が連合艦隊にあふれていた。まさに連合艦隊自体が「勝利病」にとりつかれていたのである。

山本だけを特別視するわけではないのだが、山本はこの二つの空気に何度も注意を与えている。半藤一利『山本五十六』からの引用になるが、南雲部隊との打ち合わせで簡単にアメリカ軍を攻撃できるような言を聞いたときに、山本は強く命じている。

「この作戦は、ミッドウェイを叩くのが主目的でなく、そこを衝かれて顔を出した敵空母を潰すのが目的なのだ。よいか、決して本末を誤らぬように」

山本がこの作戦をもって戦争を終わらせるべく政治交渉をと思っていることは、こうした言でも明らかだった。ミッドウェー島を制圧するのは、長期不敗態勢の確立という軍令部の考え方であり、しかし私は違うのだと言っているにもかかわらず、その言は軍内では受けいれられない状態になっていたのである。あえていえば、山本はたった一人でこのときもなお「短期決戦」の姿勢を崩していない。しかしそのことを打ち明ける側近は持っていなかったと言っていいであろう。

　アメリカの太平洋艦隊を指揮するニミッツは、アメリカ軍が傍受している日本軍の無線の報告を受けているうちに、そして日本の機動部隊の動きを参謀たちと分析しているうちに、幾つかのことがわかってきた。そのひとつは、日本が次の目標としているのはミッドウェー島だということである。さらに日本の機動部隊がそれぞれの停泊地を出発する日時を組み合わせると、船団の速度から計算すれば、日本海軍は六月四日（日本時間なら五日）ごろに作戦決行をすると思われた。日本はこの小島に、あるいはこの海域に本格的な作戦準備を布《し》いている。

　ワシントンの統合参謀本部から、日本軍はこんな島を目指しているのかと疑問の声があがっても、ニミッツはその確信を変えなかった。

　そして彼の太平洋艦隊に配置されているエンタープライズ、ホーネット、ヨークタウンの三隻の空母をすべて投入した。その折にも戦況が思わしくなかったら、すぐに退却せよと命じていた。ミッドウェー島など制圧されたところで、すぐにとり戻せるのだから……というのであった。

　山本とニミッツの戦いは、その事前の肚の探りあいでは決して山本も負けてはいなかった。ニミッツは、日本は本当に空母を投入しての艦隊決戦を考えているのだろうか、そうならば、不利ならいつでも途中でやめよと命じていたのである。しかし山本がどんな戦略を考えているかまでは、ニミッツにはわからないにしても、このミッドウェー作戦の背景にどういう理由が隠されているのかをもし知ったなら、なぜ日本の軍人は「短期決戦・講和」という政治的判断のもとに戦うのだろうと疑問に思ったであろう。「文民支配」のアメリカの軍人たちには決して理解できない「統帥権の優位性」なる現実に驚きを示したことだろう。統帥権をわがもの顔に用いている軍令部の参謀たちに密かに抵抗している「連合艦隊司令長官の苦悩」はまさに、昭和海軍の悲劇だったのである。

「自らの死に場所」を探し始めた

現実にミッドウェー作戦はどのように進んだか。確かに日本は、空母艦隊の爆撃機によってミッドウェー島に打撃を与えることになった。だがアメリカの太平洋艦隊は、この海域に日本の機動部隊が集結するのを知り、そこに密かに待ち伏せしていたのである。この海戦についてはこれまでに多くの書が書かれているし、ここではその内実については触れない。この海戦の敗北は、太平洋戦争のその後を占う決定的なものだった。空母四隻（「赤城」「加賀」「蒼龍」「飛龍」）が相次いで爆撃を受け、いずれも戦闘不能になり、沈没した。それぞれの空母の最終段階には人間ドラマがあるのだが、そのことは本書で論じるテーマではないので省く。重巡洋艦「三隈」も失っている。三五〇〇人の兵員が死んでいる。そのうちの一〇〇人余は熟達のパイロットだったという。航空機二五〇機も失った。

連合艦隊の旗艦大和では、宇垣纏参謀長との間で、「四隻ともやられたか」「やられましたな」という会話が交わされた。戦況は絶望的ではあったが、山本はさらに継続をと思った節もあるが、しかし残りの部隊ではアメリカ軍の攻撃により、損害も増えると判断して、中止となった。

六月六日午前二時五十五分、山本はすべての艦艇部隊に対して、ミッドウェー作戦の中止命令を出した。

しかし、ミッドウェー海戦の全面的な敗北は、国民には見事なほど隠された。海軍の首脳部はこの敗北をすべて隠し通すのだが、その被害は当初は昭和天皇にも正確に報告されなかった節もある。天皇には空母二隻が沈没として、残りの二隻は小破のように表された。ミッドウェー海戦は、大本営発表では、「航空母艦一隻喪失、同一隻大破、巡洋艦一隻大破、未帰還機三十五機」と発表された。そして海軍の報道課長は、「敵の虎の子である空母の誘出《ゆうしゅつ》殲滅に成功した」と述べている。まったくの偽りであった。むろんこの発表には山本はまったく関わっていない。同時にこの作戦の失敗により、山本はこれまでの態度を一変させた。軍令部が発表した「大本営発表」にも、本来なら抗議すべきなのに抗議していない。

「山本は戦勝への気力を失った」と半藤は書いているが、これがもっとも説得力を持った表現であった。山本はこのときから自らの「死に場所」を探し始めたと言えようか。

第四章

山本五十六、最後の戦い

この戦争自体、敗戦に終わるだろう

　ミッドウェー作戦の失敗については、これまで多くの書によって書かれてきた。実際にこの作戦では、連合艦隊司令部の誤りと南雲（忠一中将）司令部の判断ミスなどいくつかの悪条件が重なったともいえる。重巡洋艦「利根」から発進していた索敵機《さくてきき》が米機動部隊を発見しているにもかかわらず、南雲司令部は攻撃命令を一時間近くも遅らせている。あまつさえその命令の発信時間を山本五十六の元にはごまかして報告している。連合艦隊内部にも組織上の疲弊が起こっていたのである。

　ミッドウェー作戦の失敗は太平洋戦争の転換点ともなった。米太平洋艦隊の司令長官であるニミッツは、その報告書に「もし仮に、わが方が日本の動きをいち早く察知できず、また空母任務部隊が、たとえばはるか遠方の珊瑚海に分散しているときに襲われていたら、ミッドウェーの戦いは、もっと違った結果に終わっていた」（アントニー・ビーヴァー『第二次世界大戦』）と書いている。司令部全体に緩みがあったというべきだった。

　南雲司令部の参謀長である草鹿龍之介は、山本の前に進み出て、「作戦失敗の責任を負うことに、南雲長官と私はやぶさかではない。できうるなら失敗の償いをするための特別の配慮をお願いしたい」と直訴している。これに対して山本は、「わかった」と一言だけ答え、涙を流したというのであった。この涙は何を意味するのだろうか。私は三つの推測を持っている。

その一は、日本海軍の弱さが如実に露呈したこと。客観的な分析に欠けていて思い込みが優先したことの確認である。その二は、自らの考えていた政略が崩れたとの認識である。これで和平交渉は期待できなくなったとの感情である。そしてその三は、この戦争自体、敗戦に終わるだろうとの予測である。空母四隻を失っていかに戦うか、目処《めど》が立たない状態だったのだ。山本の心理が屈折していったのは、実は当時は誰にも想像できなかったのではないかと思われる。

自らの人生は「あと百日」と決めた

山本は、ミッドウェー作戦の失敗から三カ月ほど後になるのだが、故郷の新潟県長岡の友人に宛てた書簡の中で、「あと百日の間に小生の余命は全部すり減らす覚悟に御座候」と述べている。自らの人生は「あと百日」と決めたのである。それが彼の生き方への最終回答だった。むろんこのことは軍内にあっては誰にも明かしていない。
実は山本には、死を想定するより他に、もう一つの道がありえた。それは次の道であった。「海軍次官の折に体験した偏狭な陸海軍指導者たちの攻撃に嫌気がさしていただろうが、それでもなおこのときに、敗北という現実をもとに政治的なリーダーシップはとり得たはずである」（「山本五十六の悲劇」、拙著『太平洋戦争を考えるヒント』収録）
山本が、天皇側近の宮廷官僚や陸海軍の和平交渉派と連携をとり、天皇に現実の彼我の戦力比を訴えて和平交渉を力説することはまったく不可能ではなかった（山本が近衛文麿や吉田茂と連携して天皇に和平内閣をつくらせるシミュレーションは終章で詳述する）。山本の心中にはそのような考えもあったのではないだろうか。
現実に話を戻すと、山本がミッドウェー作戦の後に出合ったのがガダルカナル作戦だった。昭和十七（一九四二）年八月七日に、米海兵隊がソロモン諸島のガダルカナル島に上陸攻撃を仕掛けてきた。もともとここには海軍の基地設営隊とわずかの守備隊がいて、飛行機の基地を造っていた。その基地が三カ月ほどかけて八月七日ごろに完成した。米軍はその工事の進み具合を偵察を続けて確認していた。そして完成したのを見て奪取を図り攻撃してきたのである。このときから七カ月にわたり、ガダルカナル攻防戦が始まった。山本にとって最後の戦いであった。

ガダルカナルに基地を設営するというのは、軍令部が主導の作戦だった。ラバウルが日本の防衛の要になるのだが、そこから一〇〇〇キロ離れたガダルカナルは前線になりうるのか、というのが連合艦隊司令部の判断であった。ラバウルを守ることで、トラック諸島を制圧している日本軍が本土への攻撃を防げるとの考えであった。そう理解することで、ガダルカナルを死守すべきはやむを得ないと納得したのである。

八月七日に米海兵隊がガダルカナルへの攻撃を始めたのは、偵察のための上陸にすぎないと軍令部は判断した。陸軍の参謀本部幕僚たちはガダルカナルがどこにあるかを知らず、あわてて地図で探したりした。そこで大本営は、グアムで待機中の一木清直を支隊長とする部隊を急遽ガダルカナルに送っている。これで簡単に米上陸部隊を撃滅できると考えたのだ。しかし、上陸を敢行した一木支隊の約九〇〇人は、八月二十一日に玉砕といった状態になった。それ以後の日本軍は、兵力の逐次投入といった愚を犯すことになる。

ガダルカナル戦はまさに軍令部の戦略上の誤りというべきだった。山本はガダルカナルへの米海兵隊の上陸作戦は本格的な反攻で、日本軍も全面的な奪回作戦で対抗すべきである、との考えだった。この意見を軍令部の参謀たちに説くべきだったのだが、山本をはじめ参謀たちは従順であった。ミッドウェー作戦失敗の後遺症であった。その結果、軍令部は客観性のない戦略をひたすら押し付けるだけの存在になった。前線の部隊に急速に弛緩状態が生まれた。

半藤一利の『山本五十六』には、「連合艦隊司令部は、次第に焦りと憂愁を深めた。戦況不利のため陸海の離反や責任回避が多くあらわれ、前線部隊の士気はみるみる落ちた。笛吹けど踊らずの状況に、参謀たちは躍起となった」と書いている。こうした状況の中で、山本は自らの不満を抑えつつ部下を叱咤《しった》していた。旗艦の「大和」にあって、トラック島から出撃する船舶や航空機に帽子を振ってひたすら見送っていた。山本の心中には、若きパイロットや水兵に申し訳ないとの心情があったと推測される。このころ（昭和十七年九月ごろ）、山本が長官室に残した書き置きには「若人ら死出の名残の一戦を　華々しくも戦ひて　やがてあと追ふわれなるぞ」との一文が残っている。

「餓島」となったガダルカナル地上戦

　ガダルカナル島を奪回するには補給が大事であった。連合艦隊司令部の参謀たちも新しい作戦を考えてはいる。十月決戦ともいうべき連合艦隊主導の作戦も実施していた。しかし最終的には米軍の増援による物量作戦の前には、日本海軍としては太刀打ちできなかった。ガダルカナルの地上戦は補給が断たれて、まさに「餓島《がとう》」という状態が続いていくことになった。すると今度はガダルカナルの海域で戦う部隊と連合艦隊司令部との対立が起こった。

　ガダルカナルをめぐる戦いは、当初の日本側の甘い見通しがまったくの誤りだったのだが、それでも日本側は奪回を目指して海と陸とで攻撃を続けた。地上戦は物資の補給もなく、次第に戦闘の体をなさなくなったが、海では制海権をめぐって海戦、空では航空戦が続いた。陸兵の輸送を成功させるべく熾烈《しれつ》な戦いとなった。そんな時に第二航空戦隊司令官の角田覚治は、連合艦隊司令部に主力をつぎ込んで、米軍に徹底した砲撃を加えて飛行基地の制圧を目指そうと主張した。当然の考えでもあった。しかし、連合艦隊司令部はそれを受け入れなかった。燃料が足りなかったのである。それでも十一月に兵士や弾薬、それに食糧などのガダルカナルへの陸揚げの作戦が進められた。陸軍からの要請に、山本は応えようとしていたのである。

結論を言えば、米機動部隊はこうした日本軍の行動を見抜いていた。日本軍の機動部隊は、パイロットたちの技術や個々の戦艦の働きによって部分的に作戦が成功することはあるものの、全体の作戦では目的を達することはできなかった。結局、ガダルカナル奪回作戦は撤退となって決着がついた。そのことを伝えた御前会議で陸海軍の統帥の側は天皇に詫びている。

現実にこの作戦を進める連合艦隊は、兵士たちを一人でも多く撤退させるとの山本の胸中を汲んで、駆逐艦一隻を失うも一万一〇〇〇人の兵士を撤退させるのに成功している。昭和十八年二月一日、四日、七日の三日にわたっての作戦だった。

山本のこのころの様子は、連合艦隊司令部の参謀長である宇垣纏の『戦藻録《せんそうろく》』に詳しいとされる。彼が日記をつけていたのである。ところが昭和十八年一月一日から四月二日までが欠けている。もっとも重要な時である。そして次のような注釈が、編者によって記載されている。

「元連合艦隊先任参謀黒島亀人少将が極東軍事裁判証人として出廷の際、遺族より借受持参せるが省線車中にて紛失せり」

このことは戦後長い間、多くの臆測を生んできた。私も関係者からその臆測を聞かされた。連合艦隊司令部の先任参謀黒島は、真珠湾攻撃作戦やミッドウェー作戦の立案の中心人物だった。風変わりな性格で、旗艦の参謀の部屋で電気を消し、ふんどし姿でろうそくの光をもとに作戦計画を立てると噂されていた。確かに神がかりの雰囲気を漂わせていたのである。海軍内部には、なぜ山本は黒島を重用するのか、との批判もあった。この批判に、「海軍の秀才はどこを切っても金太郎飴のようなものだ。黒島のような独創的な作戦は考えられない」と一蹴していた。しかし、黒島は次第に増長して参謀長の宇垣を超える態度に出るようになった。連合艦隊司令部の参謀たちは「参謀長が二人いる」と受け止めるようになった。

和平を企図しない軍中央の姿勢

ガダルカナル奪回作戦でも黒島の強引な計画案に、宇垣が反論するという一幕もあった。昭和十八年に入って、山本は黒島を連合艦隊から転出させることを考え始めた節もある。さらに宇垣の日記には、ガダルカナルからの撤退作戦における黒島への批

郵便はがき

おそれいりますが
切手を
お貼りください。

102-8790

東京都千代田区
九段南1-6-17
毎日新聞出版
営業本部 営業部行

ご記入日：西暦　　年　　月　　日

フリガナ		男性・女性 その他・回答しない
氏名		歳
住所	〒　　- TEL　　(　　)	
メールアドレス		

ご希望の方はチェックを入れてください

毎日新聞出版からのお知らせ ………… ☐

毎日新聞社からのお知らせ(毎日情報メール) … ☐

毎日新聞出版の新刊や書籍に関する情報、イベントなどのご案内ほか、毎日新聞社のシンポジウム・セミナーなどのイベント情報、商品券・招待券、お得なプレゼント情報やサービスをご案内いたします。

ご記入いただいた個人情報は、(1)商品・サービスの改良、利便性向上など、業務の遂行及び業務に関するご案内(2)書籍をはじめとした商品・サービスの配送・提供、(3)商品・サービスのご案内という利用目的の範囲内で使わせていただきます。以上にご同意の上、ご送付ください。個人情報取り扱いについて、詳しくは毎日新聞出版及び毎日新聞社の公式サイトをご確認ください。

本アンケート(ご意見・ご感想やメルマガのご希望など)はインターネットからも受け付けております。右記二次元コードからアクセスください。
※毎日新聞出版公式サイト(URL)からもアクセスいただけます。

この度はご購読ありがとうございます。アンケートにご協力お願いします。

本のタイトル

●本書を何でお知りになりましたか？（○をお付けください。複数回答可）

1.書店店頭　　2.ネット書店
3.広告を見て（新聞／雑誌名　　　　　　　　　　）
4.書評を見て（新聞／雑誌名　　　　　　　　　　）
5.人にすすめられて
6.テレビ／ラジオで（番組名　　　　　　　　　　）
7.その他（　　　　　　　　　　　　　　　　　　）

●購入のきっかけは何ですか？（○をお付けください。複数回答可）

1.著者のファンだから　　2.新聞連載を読んで面白かったから
3.人にすすめられたから　　4.タイトル・表紙が気に入ったから
5.テーマ・内容に興味があったから　　6.店頭で目に留まったから
7.SNSやクチコミを見て　　8.電子書籍で購入できたから
9.その他（　　　　　　　　　　　　　　　　　　）

●本書を読んでのご感想やご意見をお聞かせください。
※パソコンやスマートフォンなどからでもご感想・ご意見を募集しております。
詳しくは、本ハガキのオモテ面をご覧ください。

●上記のご感想・ご意見を本書のPRに使用してもよろしいですか？

1. 可　　2. 匿名で可　　3. 不可

判も記述されていたのではないか、との証言もあった。黒島はそういう歴史的記述を不快に思い、国電の中に忘れたとの言を弄《ろう》したのではないか、と不信を持たれてきた。黒島が東京裁判に証人として出廷しないのも、不信に輪をかけた。

宇垣の『戦藻録』には、山本の発言などがときおり紹介されている。

たとえば、ガダルカナル作戦が進行中の十一月二十四日（昭和十七年）には、山本と食事中に陸軍の第二師団の第十六連隊に話が及んだというのである。山本は郷里の長岡から補充でガダルカナルに向かう者たちから来信があったと紹介しつつ、次のように話したという。

「（彼らは）恐らく生還はなし得まい。自分もガ島が奪回出来なければ郷里には帰れぬ。宜敷頼む」

宇垣は「（この話は山本が）其の心情を吐露せられたるものとして余輩の心裡に残る」と書き、山本の心理状態をそれとなくにおわせていた。

ガダルカナル奪回作戦自体は失敗し、逆に撤退作戦が首尾よくいくといった形で終わった。作戦の失敗が明らかになった十二月八日に、山本は知人に宛てた書簡の中に本音を書いている。「一とせをかへりみすれば亡き友の数へがたくもなりにける哉《かな》」

とあり、多くの仲間を失ったこの戦争についての正直な感想である。

昭和十八年二月のガダルカナル撤退以後、戦争の主導権は次第にアメリカ側に移った。日本海軍の第三段作戦計画は、軍令部主導にと変わった。連合艦隊司令部はそれを忠実に守ることが要求された。

軍令部の定めた第三段作戦計画は、宇垣の『戦藻録』からの引用になるのだが、「その要旨は陸海航空兵力を集中してビスマルク諸島、ソロモン群島、及ニュー・ギニヤの現占領地区を死守するというので、第二段作戦までの積極作戦を放棄し戦略転換の余儀なきに陥った」という内容であった。連合艦隊司令長官としてみれば、戦略は政治や外交のための一手段という次元からはあまりにも外れていた。山本が胸中では、いっこうに和平を企図しない軍中央の姿勢に不満を感じたとしても不思議ではなかった。

航空決戦から和平の道へというプログラム

昭和十八年二月以後、日本軍の作戦計画はそれまでの膨張作戦から一転して守りに転じることになった。ガダルカナル撤退は戦線が伸びきっていることを教えたのである。軍令部はラバウルを重視する立場からソロモン諸島防衛に力点を置き、参謀本部はニューギニア方面にアメリカ軍の侵攻ラインがあると確信して双方の議論が続いた。結局、参謀本部の路線が軸になることが決まった。

とはいえ、守りに転じるソロモンでの作戦は、アメリカ軍の反撃に常に備えていなければならない。こうした軍中央の計画には、山本五十六は反対だった。その本心はあまり明かしていないが、「山本はニューギニアはもちろん、ラバウルすらも捨て、伸びに伸び切った戦線を縮小する腹を固めていたのである。つまり、トラックを中心とするカロリン諸島からマーシャル諸島の線にまで退いて、そこに鉄壁の防御陣を布き、もういっぺん最後の決戦を挑む覚悟をきめたのである」（半藤一利『山本五十六』）と考えていたというべきだった。艦隊決戦ではなく、島々の基地を十分に活用して航空決戦によって勝機をつかみ、そして外交交渉、和平の道へとつなげるプログラムに依然としてこだわっていたのである。

連合艦隊司令部は、第三艦隊の「瑞鶴《ずいかく》」「瑞鳳《ずいほう》」「飛鷹《ひよう》」などの艦載機をラバウル方面の航空基地に集結させた。これに基地航空隊の航空兵力を加えて、アメリカ軍の空軍勢力を壊滅に追い込もうとの狙いがあった。これを「い号」作戦と称した。連合艦隊司令部の宇垣纏参謀長は、日記『戦藻録』の中に、正直に山本の心理を描写している。次のようにである。

「過去半戦の悪戦苦闘に精鋭の士相次で殪《たお》れ、日を追って激化する敵の空襲に南東方面の海軍航空部隊は、量質共に低下して今ははかばかしい反撃さえも出来なくなっていた。（略）かくて前線の士気も漸《ようや》く下り坂になって来たのである」

そして書く。長くなるが重要な記述なので引用する。

「此儘に放置しては由々しき大事になる。敵の空軍を制圧して前線への補給を強行し、敵の虚に乗じて敵勢を減殺し、敵の増援を遮断しなければ戦局の前途はまことに暗澹《あんたん》たるものがあると考えた連合艦隊長官は、機動部隊の精鋭を提げて自ら陣頭に立ち、前線部隊を叱咤激励して頽勢《たいせい》の挽回を図ろうと決心したのであった」

宇垣と山本の関係は、当初それほどいい間柄ではなかった。山本は一見尊大に見える宇垣を嫌ったのだが、しかし長官と参謀長の関係は人間的好悪ですませられない。山本の黒島亀人への偏愛が薄れていくことは、取りも直さず宇垣にさまざまな面を見せることにつながった。山本の死への道筋は、『戦藻録』がもっとも詳しく描写している。

自らの死を想定した前線視察

それを前提に言えば、山本はこの戦争は勝算の薄い段階に入ったと確信したことがわかる。わずかな可能性とはいえ、「い号」作戦によってその段階に光明を見いだし、講和交渉の手がかりをつかもうと計算していたように見える。結果的に言えることだが、山本の心中には自らの死が「戦闘」から「政治（外交）」への転換になるならばとの思いも宿っていたと、私には思える。

昭和十八年四月三日に連合艦隊司令部は、トラック島からラバウルに進出した。山本五十六をはじめとする指導部は、中攻二機に分乗しての覚悟のラバウル入りでもあった。

この作戦指導を、宇垣らは「南下直接作戦指導」と称した。「い号」作戦に成功しなければ、戦争自体に全く勝ち目はないと感じているのだが、「一般の作戦当事者而く感じ居らざる点無きや」と宇垣は書いている。そのための前線視察というのが目的だった。「い号」作戦は四月七日に発動された。動員された航空兵力は、第十一航空艦隊が二百二十四機、第三艦隊の航空機が百九十五機の計四百十九機であった。七日にガダルカナル、十一日にニューギニアの東部地区など、ソロモン群島とニューギニアを狙った攻撃である。

出撃機を見送る山本は、搭乗員に強い口調で各基地の敵兵力を徹底的に壊滅せよと命じた。そして各機に帽子を振り、まるで息子を見送るようにいつまでも直立したままで、武運を祈っているかのようであった。帰投する機にも、その礼を繰り返した。

「い号」作戦は四月十六日に終わった。「今次作戦の目的は十分に達せられた」との結論が出された。連合艦隊司令部は、その戦果を、巡洋艦一隻、駆逐艦二隻、輸送船十五隻、大破が輸送船十隻であり、日本側は四十九機の航空機を失い、アメリカ側には百三十四機の損失を与えたと分析した。しかし戦後になって明らかになったのは、日本側の戦果は駆逐艦一隻、輸送船一隻、ほかにタンカーなどにすぎず、航空機はアメリカ側の損害が二十五機であり、日本側は四十三機というのが正確だったとされている。

山本らはともかくこの結果に満足した。そして予定通り、四月十八日に山本は前線視察に赴くことになった。この視察には、たとえば第三艦隊司令長官の小沢治三郎をはじめ、航空戦隊の司令官らはこぞって反対であった。最高責任者が前線に出かけるのは無謀だというのであった。もともと前線視察は宇垣が発案し、自らが赴くはずであったが、途中から山本が自分が行くと言い出したのである。山本にはガダルカナル作戦の失敗以後、今後の作戦計画を円滑に進めるために兵員を激励しておきたいとの意思が強かったとの見方で語られてきた。

しかし、果たしてそうか。私は、山本は自らの「死」を想定していたように思うのだ。このころは一日一日が今生の別れと意識していたのである。

「山本の日程」は筒抜けの状態

歴史は山本のそのような意思を着実に現実にしていったのではなかったか。このころの山本の運命は、アメリカ側に握られていた。具体的には、ハワイにある太平洋艦隊の司令部ビルで戦闘情報班が、日本海軍の無線でのやり取りを傍受していた。暗号解読グループは、山本が前線視察に赴くことを読み抜いていた。四月十三日十七時五十五分に発信した電報であった。この電報の内容は太平洋艦隊司令部のW・J・ホルムズ少佐の回想録などでも紹介されているが、発信者は草鹿任一・南東方面艦隊司令長官と鮫島具重《ともしげ》・第八艦隊司令長官の連名で、山本の視察する地の司令官宛てであっ

た。この電文は、
「連合艦隊司令長官　四月十八日　左記ニ依リバラレ、ショートランド、ブインヲ実視セラル
㈠〇六〇〇中攻（戦闘機六機ヲ附ス）ニテラバウル発、〇八〇〇バラレ着、直ニ駆潜艇（予メ一根ニテ一隻ヲ準備ス）ニテ〇八四〇ショートランド着、〇九四五右駆潜艇ニテショートランド発、一〇三〇バラレ着（交通艇トシテショートランドニハ大発、バラレニテハ内火艇準備ノコト）、一一〇〇中攻ニテバラレ発、一一一〇ブイン着、一根司令部ニテ昼食（二十六航戦首席参謀出席）、一四〇〇中攻ニテブイン発、一五四〇ラバウル着。
㈡（略）㈢（略）
㈣天候不良ノ際ハ一日延期セラル」
ここでいう中攻とは、中型陸上攻撃機のことだが、一式陸上攻撃機を指していた。この電報を見てもわかる通り、山本の日程はまさに筒抜けの状態だったのである。電報解読は、山本を戦死させてくださいと言うに等しかった。この解読電報は、すぐに太平洋艦隊司令長官のニミッツのもとに届けられた。ニミッツは、情報参謀のエドウ

イン・T・レイトン中佐になんどか質《ただ》している。

「君のいう通り、山本を仕留めるとして、彼より優秀な軍人はいないのか。山本に代わってその男が出てくることはないのかね」

レイトンはワシントンにも問い合わせていたのか、次のように答えたという。

「彼は日本において特別な存在になっています。天皇を別にすれば、国民の士気にとって彼ほど重要な人物は一人もいないと思います。彼が撃墜されれば、日本の海軍もその士気を失うでしょう。国民も呆然とするでしょう」

この時のニミッツとレイトンのやり取りは、山本という軍人がいかに優れているかの確認でもあった。日本軍は山本を失って自暴自棄に陥り、どんな攻撃に出てくるかも話し合われていた。レイトンは答えている。多くの書からの引用を見ていくと、これも実はきわめて的確だったのである。

「これまでの作戦で見る限り、日本軍の戦闘能力は落ちているのがわかります。特に搭乗員の力量や数は底をついているといっていい。これまで以上の作戦を行う力などありません。客観的に見ても間違いありませんよ」

レイトンのこの指摘は当たっていた。いや、むしろアメリカ側が山本の能力を正確に見ていたというべきだった。ニミッツは、山本の搭乗機を狙い撃ちすることを決意し、その命令書を作成するように命じた。同時にワシントンのフランク・ノックス海軍長官にもこの命令の内容について報告している。ノックスはルーズベルト大統領にも伝えている。ルーズベルトは、ためらいもなく「決行せよ」と命じた。山本の運命は、このようにアメリカの最高指導者の意思でもあったのだ。

山本が着用した陸戦隊用の軍装

こうして昭和十八年四月十八日となった。

この日の山本の様子もすでに紹介されているので細部については触れないが、あえて私は山本は「死」を想定していたと見るので、その視点での記述を進めることにしたい。宇垣もこの日は山本とは別の一式陸攻機で随行することになっていた。宇垣の乗った機は不時着する形になり、命を取り留めている。その日記『戦藻録』には、この日のことが一年後に書かれている。そこからの引用である。

「〇五五〇宿舎玄関を出ず。長官の第三種軍装姿始めて見る。相当に似合うも見慣れざる為か平素より異る。(略) 指揮所の方向より同行〇両航空参謀連出で来る。中に白服二名あり。オヤと思いしに軍医長と主計長にして長官も変に思はれたるが今更如何《いかん》とも為し難い」

山本の着用していた第三種軍装とは、草色の陸戦隊用の服、ネクタイ、帽子も草色で、手袋は白色だった。第二種は白色に統一されているが、第三種は明らかに前線視察にふさわしいといえたが、山本にとっては軍人であるとの意思表示にも思えた。第二種は軍官僚に近い立場だったのである。もとより、このような服装の変化がいかなる理由で行われたのかは不明なのだが、加えてなぜ軍医長まで同乗するのか、いくつかの例外がなぜこの時に行われたのか、そうした点は曖昧なままである。

一機（一番機）への搭乗者は、山本の他に副官の福崎昇、軍医長の高田六郎、他に航空参謀一名、二番機には宇垣纏のほかに、北村元治主計長、他に参謀が三名、一番機には搭乗員を含め計十一人が乗っていた。ほかに六機の護衛機がついている。この日は天気も良く、視界良好で、いわゆる飛行日和であった。二番機は一番機の左後方についていて、一番機の中の様子もよく見えたというのである。

宇垣の記述によるなら、ブーゲンビル島の西側にかかると二番機は高度を下げてジャングルを通過する時、機長から、「〇七四五バラレ着の予定」のメモが渡ってきた。

しかし、二番機は一番機に従って急降下を始めた。のちにわかったことだとしつつ、「(日本軍の)上空戦闘機は之より先敵戦闘機の一群二十四機が南航の途中より引返し来るを発見し、降下中攻隊に警告せんとする時、一番機も敵を認め何等の余裕なく急降下」したという。すでに護衛機とアメリカ軍のP－38十八機は戦闘を始めていたのである。やがて一番機と二番機が切り離され、一番機は黒煙を上げて墜落していった。

第五章 隠蔽された死の真実

「壮烈なる戦死を遂げたり」

山本五十六の乗った一番機は、まさに火を噴く状態でジャングルに墜落していった。「山本の死」はしばらくは伏せられていた。国民への影響があまりにも大きいということからであった。その死が知らされたのは、実際の死から一カ月余を経た昭和十八（一九四三）年五月二十一日の大本営発表によってである。この発表は次のようになっている。

「大本営発表　連合艦隊司令長官海軍大将山本五十六は、本年四月、前線に於て全般作戦指導中、敵と交戦、飛行機上にて壮烈なる戦死を遂げたり」

この発表には戦死の日が伝えられていないために、信じない者もあった。戦争に伴う霊的な話が戦時下では広がっているが、この発表の日に全国で人魂《ひとだま》が見られたとの戦時民話があるほどである。あるいは海軍の兵士たちの間では山本不滅神話があり、連合艦隊旗艦「武蔵」では、特に夕方になると甲板上で水兵たちが山本の帰還を信じて佇《たたず》むという光景も珍しくなかった。

戦後になってからの各種の記録によれば、国民は山本の死によって戦争の前途に日本の勝利を信じなくなったという。しかし、大本営発表は「飛行機上にて壮烈なる戦死を遂げたり」となっていて、山本はアメリカ機と激しい戦闘の末に亡くなったとの印象を与えることで、国民の衝撃を和らげようとの配慮が読み取れた。

海軍上層部はミッドウェー海戦の敗北以後、徹底した秘密主義に入っている。この海戦に関わったパイロットや水兵、それに士官などは敗北を洩らしてはいけないと、瀬戸内海の島々に休養の名目で幽閉状態になっている。真珠湾攻撃の第一次攻撃隊の隊長だった淵田美津雄は、自らも幽閉されたのに怒り、我々は犯罪者かと戦後になっての手記の中に書いている。このときと同様に、「山本の戦死」の周辺にいた兵士たちは皆、口止めされるか、苛酷な前線に送られている。

山本が亡くなったあと、上層部は山本家に行き、あらゆる資料を持ち去ったという。山本が、この戦争をどう考えていたかが公表されることを極端に恐れていたのである。そのために今も山本の直筆のメモ類による分析は困難になっている。

墜落時には生存していた山本

平成に入ってから四年ほど経てからだが、昭和史の研究者で多くの資料を検証している友人から、山本五十六の戦死に関する文書が、ある研究所に眠っていると聞かされた。

この文書は「山本元帥国葬関係綴《つづり》」であることがわかった。七、八センチもの厚さで、最初のページには「海軍省副官が整理し遺したものであり、山本五十六元帥の戦死から国葬までの各種記録である」と注釈が付けられている。つまり海軍省がまとめた公式記録だということになるのだろう。この文書についてはすでに私は拙著『昭和陸軍の研究』（上・下）のなかでも触れている。その一部も引用しながら、山本は本当に「飛行機上にて壮烈なる戦死」を遂げたのかをつぶさに見ていきたい。

さらに陸軍の軍医が残したカルテはなぜ公開されなかったのか、むしろ意図的に激戦地に送られて口封じされたのではないか、とその軍医の弟が著した書（『山本五十六の最期―検死官カルテに見る戦死の周辺』蜷川親正《にながわちかまさ》著、昭和六十一年）などを参考に、山本は実は墜落時には死んでいないとの説を語り残しておきたい。

海軍の指導者は山本をなんとしても「壮烈なる戦死」にしておきたかったのである。もし撃墜時に生きていたら、なぜ救援を優先させなかったのかとの批判を恐れたのだ。まず初めに、海軍省副官の前述の記録を読んで私が、山本が墜落時には死んでいないと思われる箇所について語っておきたい。ちなみに山本の遺体を最初に発見したのは、陸軍の第六師団歩兵第二十三連隊砲中隊少尉・浜砂盈栄《はすなみつよし》を指揮官とする一隊だったと書かれている。

しかしこの報告書は海軍内部の文書で、南東方面艦隊司令部からの報告をまとめたものであり、その第一報を中心に書かれている。南東方面艦隊司令部は昭和十八年四月二十二日にこの報告を送ってきたというのだ。もちろんこれは「軍秘」であり、「取扱注意」とされている。

この報告書の中に、遭難現場の状況が書かれていて、しかも図も描かれている。この状況報告書の中には次のようにある（原文は片仮名だが、引用にあたっては平仮名に直した）。

「Ａ（保阪注・山本のこと）軍刀を左手にて握り右手をそれに副え機体と略々並行に頭部を北に向け左側を下にした姿勢で居られました。御遺骸の下には座席『クッション』を敷き少しも焼けては居られませんでしたが左胸部に敵弾が当ったものの様で血が流れて居りました。他の方の遺骸は全部腐敗して殆ど全身に蛆《うじ》が湧いて居りましたがAの御遺骸のみは僅《わずか》に口と鼻の附近に蛆が湧いてる程度でありました」

そして遭難現場の図が描かれている。つまりこの報告書は三つの重要な事実を示している。箇条書きにすると以下のようになる。

（一）山本は座席クッションに身を乗せて左半身を下にして横たわっていた。

（二）ここには記さなかったが、軍医長、副官、随行参謀などは腐敗がはなはだしく、蛆が大量に湧いているのに、山本には少ない。

（三）添付の図を見ると、軍医長は山本の一メートルほど離れたところで大の字に横たわっている。あたかも山本の身を案じ、その身を守ろうとしつつ力尽きたごとくに見える。

こうしたことから、山本は遭難現場の四人の遺体の中で、最後まで生存していたと推測できる。山本の一番機が撃墜されたのは、四月十八日の午前七時三十五分ごろで、陸軍の捜索隊が発見したのは十九日午後二時ごろと言われている。そしてこの報告書の根拠になっている海軍の捜索隊は二十日の夕方に現場に赴いている。この時間差は遭難現場がジャングルの一角で、探すのが困難な場所であったが故のことだった。山本が生存していたとしても、発見までは命を永らえることはできなかったとて不思議ではない。

海軍省が密かにまとめた南東方面艦隊司令部からの報告を基にする「事実」は、山本の墜落時の死亡を否定していると断言していいだろう。大本営発表は偽りと報告書は認めていたのである。ただ一般的にはこの報告書自体が公開されているわけではないので「墜落時に生存していた」ことは、あまり知られていなかった。

自らの死と引きかえに「和平」を願う

海軍省の副官がまとめたこの文書を基にもう少し話を進めるが、結局、海軍上層部は山本生存説を発表したならば、海軍指導部が崩壊の状態になることを覚悟しなければならなかった。国民の戦意が萎えてしまうだけではなく、海軍内部が混乱状態になるのは必至であった。ブーゲンビル島を含めてこの領域を担当していた第一根拠地司令部の幹部は免官になっただろう。むろんそれは、連合艦隊司令部の参謀から海軍省の指導者まで何らかの責任を取ることを意味する。

実は山本の死を一カ月余も隠したのは、善後策を考えていたといってよかった。これは私の推測になるのだが、山本は自らの死に場所とその時期を考えていたのではないか。真珠湾攻撃前に近衛文麿に対して、「半年や一年の間は暴れてみせるが、それ以上は自信がない」と言ったとされているが、その言葉を忠実に実行したように思う。山本はアメリカの国力や国民のエネルギーが一点に集中した時の爆発力を知悉《ちしつ》している。自らが前線に赴くことなど、米軍側は何らかの形で見抜くだろうと考えたに違いない。

あえて言うと、山本は自らの命を差し出す代わりに、戦時指導者は講和や和平の方向に国策を振り向けてほしいとの願いを託したのではなかったか。

山本に随行して二番機に乗った参謀長の宇垣纏は、撃墜されたにせよ奇跡的に助かったが、その日記『戦藻録』の中に、前線視察前の山本の様子を書いている。重要なことは、海軍省副官の報告書のなかに、山本のその様子を証言として引用していることである。つまり海軍省、軍令部の指導者たちは、宇垣から山本の様子をできるだけ詳しく聞き出していたのだ。このことについて私は拙著『昭和陸軍の研究』に次のように書いた。

「その（報告書）なかには、『長官の態度に若干の変化を見受けられたり』とあり、出発前日に遺品処理について副官に書きのこしたり、頼まれていた揮毫《きごう》をすべて書いたり、山本は出発の日が近づくにつれ、『相当数の信書を認められたり』という状況だったと列記している」

このことは何を物語っているのか。海軍指導部は、山本の死を賭した覚悟を理解していたと言っていいのだろう。

山本の本心は、親友だった堀悌吉は理解していたように思う。すでに海軍を離れていた堀は、そのことを全く語っていない。海軍水交会が平成二十二（二〇一〇）年に刊行した『帝国海軍 提督達の遺稿 小柳資料』などでも堀は驚くほど山本には触れまいとしているかのようだ。その不自然さは、山本の真意は伏せておこうと企図しているように思える。

墜落機の発見者は憲兵の監視下に

太平洋戦争の期間、山本の捜索に関わった陸軍、海軍の兵士、下士官、軍医たちは、その後ほとんどが激戦地に送られて命を落とすという形になっている。この手はしばしば使われているのだ。二・二六事件に関わった兵士が意図的に激戦地に送られて戦死するというのと同様であった。

山本の墜落機を最初に発見したのは、前述の陸軍の第六師団歩兵第二十三連隊の少尉だった浜砂盈栄の一隊である。浜砂は軍内部でどのような扱いを受けたのか、私はそのことが知りたくて戦後の消息を調査した。平成七年ごろのことだった。昭和六十(一九八五)年に自らの住む宮崎の病院で亡くなっていることがわかった。その調査の過程で地元紙にその顚末《てんまつ》を書いていることを知った。

この取材に関わった新聞記者の話を聞くこともできた。山本元帥の第一発見者であることを、特に誇るでもなく、問われれば淡々と語っていたと証言している。とはいえ、この一事により運命が変わったことを認めていたというのである。この地元紙が報じた内容を見ると、浜砂の第二十三連隊のブーゲンビル島での任務は、ガダルカナルからの撤退部隊を収容することであった。同時にアメリカ軍の新たな攻撃に備えて、道路の整備などが任務とされた。浜砂は証言している。地元紙からの引用である。

「山本大将は機の胴体から少し離れた所で、座席ともども胴体から抜け出たかっこうで戦死されていました。軍刀を両膝の間に立て、両手は刀の柄頭を強くにぎり、その上に頭を伏せておられました。（略）胸のポケットに手帳が見えたので恐縮しながらも、確認の意味でとりだして開いて見ると、表紙の見開きに山本五十六と署名があり、次の第一ページからは明治天皇と同皇后の御製が数首……」という具合にきわめて精緻にわたる。山本の遺体とわかった時は興奮したという。つけ加えておけば浜砂が、山本生存を確かめたわけではない。

浜砂らは連隊本部に戻る途中で海軍の捜索隊と出会う。そして再び彼らをつれてまた現場に戻った。それが二十日の夕方で、山本と同乗していた随行将校など乗員十一人の遺体を海軍に渡したというのである。海軍側の前述の報告書はこの時の調査であった。

さらに浜砂の元には、連合艦隊司令部の参謀である渡辺安次から毛筆の感謝状が届いたという。これは個人的な感謝状と断ってあり、末尾には、「尚《なお》本件に関しては大本営より発表があるまで厳秘に附せられ居《お》り候間《そうろうあいだ》、然《しか》る可《べ》く了知《りょうち》の上機密漏洩《ろうえい》の事なき様ご配慮を得度《えたく》」と念を押していた。

浜砂らはすぐに内地に戻され、その後は憲兵隊の監視状態に置かれた。そして昭和十八年の秋以降は次々と激戦地に送られていった。国家機密に触れた者は生かしてはおかないというのが、軍事指導者たちの共通の意志だったのである。

皇室に対する強い責任感

山本五十六の死について、海軍内部の極秘資料は墜落時の死亡を否定しているとみていい。これが公表されなかったのは、むろん海軍指導部の責任が問われるからだが、同時に国民に知らせたならば戦意が落ち、戦争それ自体が成り立たなくなるからだった。山本はこの戦争の精神的支柱であり、勝利へのシンボルでもあった。

だがこのことは、山本の戦争観とは全くかけ離れていたのである。あえて山本の心中に立ち入るならば、現場を預かる責任者としてある程度の戦果を上げたならば、政治が前面に出て外交交渉に乗り出すべきではないか、というのが山本の信念であった。そのような動きがないことに絶望感を味わっていたのではないかというのが、本書の一つのテーマでもある。日露戦争当時、海軍の末端で戦った山本は、当時の軍事指導者が政治の側に「我々は戦うが、どこかで講和の交渉を考えよ」と要望していた事実を範とすべきと考えていた。山本が撃墜死したのでなく、墜落時には生存していたとするならば、ブーゲンビル島のジャングルでどのような思いを持ったであろうか。あえて推測するならば、二つの考えに絞られるだろう。

(一) 軍人として天皇に戦争という手段を選ばせたという申し訳なさ。
(二) 海軍指導部や大本営の指導者たちの状況に流される姿勢への憤り。

この二点を尺度として、山本の前線視察前の行動を見ると全てにつじつまが合うのだ。特に山本は、皇室には強い責任感を持っていた。宇垣纒の『戦藻録』には、次のような記述があった。

「月日なき小型ダイアリーに極細字を以て明治天皇御製を年代を追ひて又一々題名を附して記入し、昭憲皇太后御歌、大正天皇御製の詩、万葉集、名歌拙草（昭和十六年十二月四日開戦前より十八年一月元旦迄の十三歌）部下の働、戦死等に関するもの大部又自らの立場決意を明にしたるもの数句及漢文字句多数を網羅しあり（以下略）」

これらの記述などを分析していくと、山本が墜落機から放り出されて座席クッションに座った姿勢で生存していたなら、自らの周辺で亡くなっている搭乗員や、生存していて山本に近付こうとしていた軍医長（力尽きて死亡したように見受けられる）に声をかけたふうにもみて取れる。山本の最期の姿はどのようなものだったのか。

海軍の内部調査とは別に、戦後になって、前述した陸軍軍医の弟が山本の死について徹底した調査を行っている。その書（蜷川親正『山本五十六の最期―検死官カルテに見る戦死の周辺』）はきわめて説得力に富んでおり、史実と受け止めていいのではないかと思う。以下、この書に沿って考えてみたい。

「生ける者のごとく座しておられた」

著者の蜷川の実兄、陸軍軍医だった蜷川親博は第六師団歩兵第二十三連隊付として、昭和十八（一九四三）年一月にブーゲンビル島に送られている。そして昭和十九年十二月に、この地の急造の野戦病院でマラリアと戦争栄養失調症で死亡している。つまり餓死である。

蜷川は、戦後になって戦友から「これだけは故国の母へ送りとどけてくれ」と頼まれた兄の遺品が届いたので整理している時、一冊のノートに目を留めた。このノートの中に山本五十六の検死結果が日本語とドイツ語で書かれていたのである。このメモの日時が「昭和十八年四月二十日」となっていた。つまり、山本が乗った一番機が撃墜された日の二日後である。この墜落機の捜索や調査に蜷川は駆り出されている。しかし、墜落機が山本の乗っている機だとは知らなかった。第二十三連隊からはいくつもの捜索隊がジャングルの中に入っていたが、どの隊もなかなか発見できなかったというのである。

結局、歩兵砲中隊の浜砂盈栄少尉の一行十一人が現場に辿り着いた。この一行とは別の隊も合流を目指してジャングルの中を進む。この一行は途中で海軍の「陸戦隊」と会っている。蜷川書は実に詳しく捜索の模様を書いている。何としても兄の検死記録を調べて残しておこうと、戦後になって関係者の証言や記録を集めたからである。この時の陸戦隊の様子について、第二十三連隊の捜索隊は次のように受け止めたと書く。

「(第二十三連隊の兵士たちは)ジャングルのなかで、顔面を蒼白にした陸戦隊員十名ほどの捜索隊と出合《でく》わした。その一隊は少尉を長としていた。このときはじめて遭難機が山本五十六大将であることを示唆された」

海軍の捜索隊は必死に山本の遺体を探していたのだ。同時に陸軍の捜索隊のいずれにも遭難機が山本の乗った機だと知れ渡った。最初に発見した浜砂少尉の一行は遭難機の現場で山本五十六であることを確認したが、他の捜索隊は海軍の陸戦隊から知ったことがわかる。では軍医・蜷川親博はどうだったのか。

最初に発見した浜砂少尉の一行は、現場をどう見たか。浜砂証言を戦後の地元紙によりすでに紹介したが、この書でもやはり具体的に語っている。胸ポケットの中の手帳で山本であることを確認しているが、さらに次のように書いている。

「機体からちぎれ飛んだ大将の座席が、地上にまともに静止し、大将もまたこれに生ける者のごとく座しておられたことは、どうしても真実とは思えない不思議なことであった。すこしも泥土に汚されていない純白の手袋、しっかりと握られた古武士を連想させる軍刀、端正にして崩れていない姿勢、変わったところのない顔面、引き締まった口もと、数分後にはブイン飛行場に下り立って、部下に相まみえるための略綬《りゃくじゅ》が、その歴戦の武功を胸に輝かしていた」

山本の死について知ることはタブー

やはり最初の発見者たちは山本の撃墜死をまったく信じていないのだ。なにより機体は散乱しているのに、山本が座席に座っているのは、生き残った生存者が座席に座って休んでいるように見えたというのである。発見者たちは山本が墜落時には死んでいないという点で一致していたと記述している。蜷川軍医は、浜砂少尉らでは医療上のことはわからないだろうというので、山本の遭難場所に送られた。海軍の軍医が入る前に検死は行われていなかったのだ。実は蜷川がもっとも詳しく検死しているのにそれが明かされていない点が問題なのである。蜷川親博を長とする一行の兵士はこのあと突如として転属させられ、全員戦死している節があるというのだ。

なぜ、軍医蜷川の一隊の行動は伏せられていたのか。蜷川の部下だった衛生兵は戦後になって証言している。この衛生兵は山本捜索隊に加わらなかったのだが、捜索の結果について蜷川に質しても決して語らなかったというのだ。粗末な野戦病院で死の床についていたが、自らの死を自覚しているときも語らなかった。この部下は、もし自分が山本の死について知ったら軍上層部から何らかの不利を被《こうむ》ることを案じたのではないか、という蜷川の親心だったのだろうと推測している。

山本の死について知ることは、軍内ではタブーだった。日本軍の真の怖さは、真相を知ることが死を意味していたことだ。山本の戦死はその典型として戦後にも影響していた。

蜷川が密かに残したノートは、その弟によって解読された。それが前述の書、『山本五十六の最期』であった。蜷川親正は、調査の末に明確に「山本や軍医長や随行の参謀のひとりは機上即死ではない」と断定している。つまり、はじめて山本を検案した軍医はそのような書類を作ったのだ。その根拠になるのがこのノートだったのである。その報告書はたぶん破棄、ないし焼却されたのであろう。代わってこの報告書を書いた若い軍医を死地に追いやるとの軍上層部の判断が下されたのだ。もし生存していたとなったら、歴史的にも自分たちが断罪されると恐れたに違いない。まさに「山本五十六」はここでも上層部の思惑の中に利用されていた。

山本たちが生存していたと考える理由の一つは、蛆虫がどれほど湧いていたか、という点である。この地では体に傷があれば、七〜八時間もすれば体一面は蛆虫だらけになる。二、三カ所銃弾の傷があれば、「死体は、一日半か、すくなくとも三日のうちにはほとんど肉を食い荒らされて、白骨化してしまう」とこの書は伝える。まったく外傷のない死体でも五〜六時間が過ぎると鼻や目、口に蛆虫が湧き始め、二十時間もすると服をまとっている体も大量の蛆虫で覆われる。これらのことを理解して山本の遺体を見てみる。まず蜷川軍医のノートに記された検死結果では以下のようになっている（図は省略する）。

山本らは励まし合っていた

山本五十六大将の検視（昭和十八年四月二十日）

頭部　顔—白色　やや浮腫、出血及凝血を認めず
額—右眉の上約１cmに右上方へ約２cmの切傷（擦過傷？）認む、
　出血なし
目—やや細く開く
鼻—外傷認めず、腔に約10匹のうじを認む、出血なし
唇—上下に約１cm開く

口―口内触診せず、出血なし、金歯？
耳―外傷認めず、出血なし
顎―外傷認めず
胸部　触診せず、（出血認めず？）（凝血認めず？）
腹部　触診せず、出血認めず？
上肢　やや前方にやや硬直を認む、触診せず
下肢　触診せず

こうした検死結果は、つまりは蛆虫の発生状況こそが鍵を握ることを物語っている。これらのことから、より具体的に蜷川書からは次のような結論が導き出されてくる。これは私の理解になるのだが、間違ってはいないと思う。

（一）浜砂少尉らが山本の遭難機を発見したのは四月十九日の午後二時か三時ごろと思われる。つまり墜落から一日と七、八時間を経ている。機上即死であるならば大量の蛆虫が発生していなければならない。もし山本が「大本営発表」どお

り頭部と胸に銃弾を受けていなければ、蛆虫に食われ続けていなければならない。

（二）山本の遺体にほとんど蛆虫がいないことからは、十八日には亡くなっていないと言える。浜砂少尉らが海軍の陸戦隊を現場に連れて行ったのは、二十日の午前中（前述の海軍内部の報告書では二十日の夕方になっている）であり、その時は蛆虫が大量に発生していた。

（三）遭難現場を見ると、軍医長や参謀も生存していて、山本の元に這いより山本を座席に座らせて誰もが励ましあっていたように見える。これはこの書の著者もそう推測している。

（四）総合的に考えると、山本や軍医長、参謀らは四月十九日に亡くなったと考えるべきである。生存者たちはさまざまな会話を交わしたと思えるのだが、そのような記録はない。

このような事実が少しずつ明らかになってきたのに、戦後社会が依然として「大本営発表」に終始しているのは、次代の検証能力に対する侮辱と考えるべきだ。私たちは山本を冷静に弔う必要がある。

「山本さんの最期を調べているのか」

山本五十六が撃墜死だったのか、それとも撃墜時は生存していたのか、を追いかけていると、その真相そのものが曖昧にされていることに気づく。太平洋戦争が進むにつれ日本海軍は、組織自体かなりの疲弊状態だったと言っていいのではないか。その点を炙りださずに、この曖昧さを解明することはできない。

これまで語ってきたように、山本五十六の撃墜時の様子については、二つの報告書と一つの証言がある。二つの報告書とは当時海軍省の副官によって密かにまとめられた山本元帥の戦死から国葬までの経緯を綴った関係書類である。むろんこれは公表されていない。私はある官庁の研究者から聞いて確かめた。この内容の一部については本書でも紹介してきた。そしてもう一つは陸軍の軍医である蜷川親博が個人的にまとめた検死記録である。これは報告書にまとめられたものではないが（実はまとめられていたのかもしれないが、委細は不明である）、蜷川のノートに書かれていた。

蜷川は、ブーゲンビル島に駐屯する部隊の軍医で、山本の遺体発見を聞き、現場での確認を求められた。しかしその後、蜷川は激戦地に送られ、死を強要される形になった。前述のようにそのノートは蜷川の実弟により吟味、検証され、単行本として刊行されている。刊行されたのは、昭和六十一（一九八六）年である。山本の撃墜時の様子を確かめるには重要な内容である。

さてこの二つの報告書とは別に、撃墜された現場にたまたま最初に入った陸軍の部隊が第六師団第二十三連隊所属の歩兵砲中隊長の浜砂盈栄少尉の一隊であることはすでに記した。

浜砂を求めて私が戦友会のいくつかを追いかけている時に、ある海軍の元軍人がまったく未知の私に電話をかけてきて、「君は山本さんの最期を調べているのかね」と言い、すでに定着している説を変えるようなことがあってはならないと補足した。この軍人は佐官として海軍省に身を置いていた人物と称したが、山本さんが墜落時に生きていたとの俗説は当時からあったとも付け加えていた。あわせて海軍としては、陸軍に山本五十六の死を語られることに不快感を持っていることもわかった。

戦後もある時期までは、山本の戦死を詳細に調べるには多くの妨害があったというのは、こうした事実が背景にあるように思われる。感情的な山本愚将論は、その背景の一端を示しているのではないか。

最大の国家機密となった山本の死

山本五十六の死の状況について、公式には大本営発表以外に事実は明かされていない。このことはある事実を示している。あえて二点を挙げておこう。それが戦後になっても調査を妨害する因につながるからである。

（一）山本が生存していたとするなら、なぜ、救援隊を出さなかったのかが海軍の指導部には歴史上も問われることになる。それで何としても撃墜死にしたい、との共通の意思があった。当時は単に、国民にアメリカに対して強い復讐心を起こさせるという計算があった。

（二）天皇に報告する時に、生存していたとなれば、なぜ救援に向かわないのかとの御下問がある。その答えに窮するのは目に見えている。そのためには何としても撃墜死で押し通さなければならなかった。

この二点のほかに、私は山本五十六と軍中央との間に信頼関係がまったくなかったことも指摘できるように思う。軍令部の永野修身や福留繁、富岡定俊ら、そして海軍省の嶋田繁太郎らは山本に対してかなり警戒、ないし不快の念を隠していなかった。山本が死ぬと同時に、秘密の漏洩を防ぐことを名目に山本の自宅から全ての資料や私信類も持ち去ったのは、そのような警戒心のためであろう。山本の意思と称して海軍内での自分たちへの反感が広まるのを何よりも恐れたことがわかってくるのだ。

前述の二点のうち、当時、もっとも重要なのは国民への影響である。まず海軍の指導部は、山本五十六の死を最大の国家機密とした。この真相について些《いささ》かでも耳にしているものは全て東京周辺の部隊に移動させ、常時憲兵隊の監視付きとなった。その後は捜索隊の隊員たちは激戦地に送られ、死を要求されたのである。陸軍もまた同様で、浜砂をはじめ、激戦地に送られている。日本の軍事指導者は戦地を処刑場に使っていたのだ。これでは激戦地の兵士たちの士気を著しく下げることになるだろう、などとは考えてもいなかった。山本の死に近づいた者は、全て死を強要されたといってよかった。

山本の死についての考察とは別に、昭和十八年前半期までの戦争の状況を見ていくと、陸軍と海軍の間に齟齬をきたし、戦争それ自体が極めて不安定な状態の中で戦われていることがわかる。山本の戦死を通じても陸軍と海軍の間に亀裂が生まれていた。この亀裂は、海軍に対する陸軍側の反発という形で表面化した。具体的には陸軍を牛耳っている東條英機がすさまじい怒りを海軍に示した。といってもその感情を表には出していない。いわゆる東條メモは、海軍に対する不平、不満をそれこそ際限なく書きこんでいたのである。開戦初期の赫々《かくかく》たる戦果に幻惑されてなんらの対応もしないという怒りであった。そして陸海の一致を名目にひたすら陸軍に協力を求めているというのであった。

東條のこの怒りは、海軍の戦略や戦争の内実に不満を持っているのではなく、海軍が赫々たる戦果を上げた時に陸軍の協力があったのにそういう感情をまったく示さないことへの苛立ちであった。開戦初期になんらの対応も考えていなかったのは東條ら陸軍の指導者もまた、まったく同じであった。この怒りを分析していくと、山本五十六への不信でもあった。東條の本音は、海軍といっても山本を指していて、山本の戦略に振り回されていることに不快感を示していたのである。

山本が戦死した時に、東條は追憶の和歌を詠んでいる。

君逝きみにしむ責の重きかな　されどやみなん勝てやむへき

東條は山本が国民的な英雄であることを知っていた。山本が戦死したら、国民の士気が下がってしまうことを案じていて、一切の責任が自らにかかってくることを不安に思っていたのであった。このことは、東條が戦時下で山本に匹敵する人気を得ていたかどうかに自信を持っていないことを裏づけている。東條に限らず戦時指導者は、戦争を進める上でのカリスマ性を持っていないことを自覚していたのである。

山本の意思に反した「海相の挨拶」

事実経過を追うことにするが、山本の国葬は昭和十八年六月五日に行われた。ここに至る経緯を見ると、ある事実に気づく。軍事指導者は国民の士気を下げないように山本の名が新聞に出ないようにしつつ、国民の意識から少しずつ消していった。同時にこの撃墜死が暗号の解読によるのか否か、注意深くアメリカの戦果を放送するラジオの内容に注目していた。するとアメリカ側が山本の死を戦果として発表しないことに気づいた。そこで日本側は、アメリカはこの飛行機が山本五十六の乗った機だとわからずに攻撃してきたのだろうと判断した。偶発的に起こった戦闘と考えたのである。それゆえに山本の戦死をすぐには国民に告げなかったのである。しかし言うまでもなく、アメリカは山本を撃ったことには知らぬ顔をしていたのであった。こうした点でも日本はアメリカに後れをとっていた。

山本の一番機、宇垣の乗った二番機とは別に、六機の護衛機が守ったが、その護衛機のパイロットだった柳谷謙治は、ただ一人戦後も存命している。ある戦史家（渡辺大助）の質問に、「待ち伏せ攻撃と思ったか」と問われ、「艦隊本部では、暗号を変えたばかりだから絶対に読まれるわけはない、と言っていましたが、攻撃を受けたわれわれからみれば、完全に待ち伏せされたとはっきり感じました」と答えている。こういう現場の声はまったく無視されていたのである。

日比谷公園に設けられた斎場には日本の各界の指導者が集まり、この戦争のシンボルとなっている軍人の死を悼んだ。一般市民も含め数万人が参列した。山本の死によって戦意が落ちてはならないとの指導者たちの不安は逆に強まった。この日、嶋田海軍大臣は、

「連合艦隊司令長官山本五十六海軍大将は偶々《たまたま》本年四月、最前線において全艦隊の作

戦指導中に敵機と交戦し、飛行機上において壮烈なる戦死をとげられたのでありますが、この間元帥は終始泰然自若、軍刀の柄を堅く握りながら、最後の瞬間迄、主将として誠に崇厳《すうごん》なる態度を持しておられました」

と、讃《たた》えた。先に紹介した報告書の中の一節（軍刀の柄を堅く握りながら、など）を引用しているように見えるのは、皮肉といえば皮肉である。山本は死しても日本の武人としての鑑《かがみ》であると強調していた。国民には、山本の遺志を継げと呼びかけているのであった。だがこうした告別の辞は、山本の本来の意思に反しているのも当然であった。

山本の本心は、むしろこのような嶋田の言とはまったく別な次元にあった。

山本の気持ちは短期決戦というこの戦争の目的を完遂しなければ、死ぬに死ねない心境にあったはずだ。それなのに現実は全て逆に動いている。つまり、日本はより一層長期戦に引き込まれ、抜き差しならない状況になっている。これでは短期決戦からますます現実は離れていくことになる。山本の予想とはまったくかけ離れた状態になっていく。山本の心中には、現実に責任を追う段階はとうに過ぎているとの絶望があったとしても不思議ではない。

繰り返すことになるが、山本は死に場所を求めていたというのが本心であったと理解すべきであろう。

自らの作戦によって戦死した軍人たち

山本は今次の戦争のプロセスに一切の責任が持てないとの判断のもと、自ら前線視察に赴いて自らを裁いたというのが真実の姿であった。制空権も十分に確保していない状態で、最高指揮官が出ていくというのは明らかに自殺行為であった。アメリカの情報機関が当然自らの動きを傍受するであろうことは容易に見抜いていたと考えるべきだろう。

前述の海軍省副官の残した山本の撃墜から葬儀までを記録した書類綴で、宇垣は「長官の態度には、（日ごろとは異なる）変化があり」と証言していた。具体的には、と宇垣は話を進め、自ら備品を整理したり、依頼されていた揮毫は全て書き終え、なにやら多くの親書も書き残していたというのであった。

さらに山本は、信頼する部下にはメッセージを残した節もあるが、それは決して無理をせぬように、との内容であったという。次の時代を託する思いがあったのかもしれない。山本のこうした動きは、自らの作戦によって戦死した軍人たちへのお詫びの心積もりもあったといっていいのかもしれない。

山本の戦死に至るまでの心の動きや感情、さらには歴史観から人間観までを含めてみると、ある光景を想像できるのではないか。私は次のような光景を思い浮かべてしまう。

撃墜された山本の一番機は、煙をあげて落ちていく。墜落時、機体は本体と翼が寸断される。海軍省の副官のまとめた書類綴によると、本体は焼失しているが、その焼失部分に搭乗員たちの焼死体がある。そこから投げ出された死体が三つある。山本と軍医長の高田六郎少将、そしてもう一人が航空参謀の樋端《といばな》久利雄《くりお》中佐である。山本は座席のクッションに身を乗せて横たわっている。その一メートル横に高田が伏せた状態である。そこから三メートルほど離れて樋端が、やはり伏せた状態である。

高田や樋端は、墜落時は存命していて、山本に近付こうとしている。しかし、途中で命は尽きたのだ。山本は彼らよりしばらくは存命していたのではないか。山本は、二人に何かを伝えたように、私には思える。息も絶え絶えの中で、彼らはどのような会話を交わしたのだろうか。

なぜ「撃墜死」として伝承されたか

『山本五十六の最期─検死官カルテに見る戦死の周辺』を著した蜷川親正は、書をまとめるにあたり憑《つ》かれたように関係者を捜し回っている。それだけに多くの史実が発見されている。まず山本の遺体を運搬して海岸にまで運び、陸軍の部隊（輜重《しちょう》第六連隊第一大隊付）の軍医とその部隊の兵士の証言、そして海軍が駆逐艦に乗せて運び去る模様などが、陸軍の兵士の証言などによって明らかになっている。こうした史実の背景に陸軍兵士の感情、隠蔽に奔走する海軍指導部の思惑が見え隠れしている。

輜重第六連隊第一大隊付の軍医、竹内大尉と現場で遺体の処理に当たった第一大隊第三中隊（責任者は中隊長の安部少佐）の証言（蜷川書による）では、随行の兵士たちはいかなることがあっても山本の死を洩らさないよう誓約させられ、現場に向かったという。中隊長には山本機が撃墜されたと伝えられていたというのだ。この折の兵士たちの証言は、これまで伝えてきたように最初の発見部隊と同じような内容である。

とはいえ安部少佐の証言は興味深い。次のような内容である。

「この人（高田六郎軍医長）は、腰を地上におろしたかっこうで、左側に倒れていた。

はじめ長官とおなじように腰をおろして並んでおられたが、こと切れて倒れたような現場のようすだった。山本長官の紺色の軍服と、そばの軍医の白色の軍服もまったく乱されたり、よごれたりしていなかった。二人ならんで腰かけておられ、五十センチとは離れていなかったものと思う」

山本機の乗員十一人は急造の担架に乗せた。こうして遺体の収容を終えて、担架を担ぎ、このときに居合わせた海軍の兵士を含め五十人ほどで海岸線まで運んだというのであった。この海岸線に遺体安置所を作り、告別式を行った。

この海岸線はモイラ岬というのだそうだ。やがて海軍の駆逐艦が来て、ランチで海軍の参謀数人が降りてきて、山本の遺体のみ船に運び、艦は出港したというのであった。その後、大型発動艇が来て十人の遺体を運んでいった。陸軍の兵士たちは、「なぜ駆逐艦に、全十一遺体を乗せて行かなかったのだろうか。秘密保持のためだろうか?」といぶかった。

この段階から海軍は秘密保持、真相隠蔽を企図していたと言ってもいいだろう。

このような史実が、なぜ戦後になっても一切語られなかったのだろうか。安部少佐にしてもなぜ語らなかったのか、不思議といえば不思議である。しかし昭和五十年代になって、少しずつ真相が明らかになっていったように私には思える。やはり蜷川書からの引用になるのだが、戦時下に山本と他の人たちの扱いの違いに疑問を感じたことは自分が口にすべきではないと思っていたというのだ。戦後の風潮はこうした扱いの違いに不満が集まる時代になったとの配慮もあったようである。捜査隊で関わった兵士は、昭和四十年ごろから山本元帥について様々なことが書かれるようになり、自らの知る範囲は話しておこうと思った節がある。なかには小冊子を作り、関心ある人々に渡すようになった者もいるという。

さらにこの部隊付の軍医だった竹内大尉にしても、担架で運ばれる山本の遺体を、海岸線に運ぶ途次に見ている。顔に傷などはなかったという。しかし詳しい検案は海軍の軍医が行うのだろうと表面だけを見たというのである。ただ操縦席のパイロットは操縦しつつ被弾したらしく、黒い焼死体であったと証言している。

こうして山本の死は多くの兵士たちによって目撃されたり、あるいはその周辺で目撃談が語られたにもかかわらず、今なお撃墜死という形で伝承されてきた。それはなぜなのか、が改めて問われなければならない。この理由について、基本的には海軍指導部の責任逃れが最大の理由だったことはこれまで記述した通りである。同時に戦後になって、山本五十六の伝記類がこのことについて詳しくは触れてこなかったというのも理由の一つと言っていいであろう。山本の死そのものより、山本をもって太平洋戦争を語るときの条件はまさに撃墜死の方が都合がいい、との判断もあったように思われる。

有能なリーダー「正方形の理論」

山本の死は、二つの重要な意味を持つ。一つはこの国は、あの戦争にあっても中軸になるべき人物を求めていた。その人物がいる限り、戦争の意欲は一定のレベルで持続させられるということである。山本はそのシンボルとされていた。もうひとつは、確かに山本はこの国の有能なリーダー足り得る人物であった。この有能なリーダーについては、特に軍事の世界にあっては私の見解なのだが、正方形が望ましいとの理論がある。どういうことか。一辺の長さが相等しく、それぞれの能力がバランスが取れているとの意味である。その四辺とは次のような領域である。

（一）政治的判断　（二）軍事的能力　（三）歴史的視点　（四）日本的情念

この四辺が正方形を形づくる指導者は、日本にはそういない。昭和海軍では山本

五十六、あえて陸軍をつけ加えれば永田鉄山といったところだろう。山本は、政治と軍事の関係、軍事の本質を知っていただけでなく、日本的な指導者として共同体の情念も持ち合わせていた。それが人望を集めた理由でもあった。特に私の見るところ、アメリカとの戦争が歴史的にはどのような役割を持つのかを知っていた。この戦争によって特に長期戦になれば、日本は軍事がどの程度の意味を持つか、国策の中心は政治の側が握るべきと期待していたと言ってもよかった。山本がどれほど短期の戦争終結、和平交渉に期待をかけていたか、それが裏切られたことが戦死の原因だというのは、つまりは公式には歴史に刻まれていない。それを刻むのが現在の山本五十六論でなければならないのである。

山本が遺体となって自らの目の前に横たわっている現実に、兵士たちはとまどい、そしてその現実に呆然としていた。私は陸軍の輜重第六連隊の兵士に話を聞いたことがあるのだが、彼は捜索隊に加わっていなかったが、担架を担いだ兵士たちによると陸軍の兵士たちは無言であるのに、海軍の兵士たちは泣きながら担架を担いでいたというのであった。それは山本と直接に接した者であればあるほど激しい泣き方だったそうだ。

二番機に乗っていて助かった参謀長の宇垣纏は、ブインの陸軍の第十七軍司令部に一時収容されたが、その折に陸軍の参謀から、なぜ長官が前線の視察に赴いたのかと難詰気味に質され、「危ない前線視察はやめてくれと何度か願ったのであるが、大将は、危ない前線だからこそ行くのだ。いくたの将兵が、前線で身を敵弾にさらして戦っているからこそ行くのである。行かせてくれと言われるので、もう止めることはできなかった」と涙を流して答えたというのだ（蜷川親正『山本五十六の最期』）。ここに山本が、海軍の将兵に慕われた理由があったのだろう。

海軍の公式検案記録には次のようにある。

「左肩胛骨中央部に小指頭大の創面ありて射管は内前上方に向かう」

「左下顎角部に小指頭大の射入口、右外眥部に拇指圧痕《ぼしあっこん》大の射出口認む」

その上で次の結論が書かれる。

「右により顔面貫通機銃創、背部盲管機銃創を被り貴要臓器を損傷し即死せるものにして死後推定六十時間を経過す」

というのであった。しかし、この検案記録は多くの点で疑わしい理由がある。この日付は、昭和十八年四月二十日になっている。しかもこの検案記録は、掃海艦上において行って、となっていた。蜷川書は、この検案記録の偽りを次々に暴いていく。検案した場所も根拠地隊の病舎側のジャングルの中であり、日付ももっと後になることも蜷川書は裏づけている。この検案記録は五通作成され、二通は海軍省に提出されたというのだ。一通は遺族に届けられたと推察される。

この検案記録の署名は田渕となっているが、田渕はこの書の中で自らの意思とは別に作成した事実を認めている。

「山本五十六」をどう問い直すべきか

田渕は、蜷川に対して「陸軍の捜索隊が出ていたことも、陸軍の軍医が一度検死しているのも知らなかった」と答えているのを見ても、軍医に何も事情を知らせずに、一通りの検案をさせて、二つの事実を捏造したと言っていいのではないか。

二つの事実とは、一つは何としても即死にすること、検案の内容以外の記述は軍事指導者が行ったこと、である。さらに田渕は医師として、軍服など身の回りの装飾品すべてを保存し、ゆくゆくは海軍の記念館に寄贈すべきではないかと考えた。医師としてそのような配慮をすることを知っていたのである。しかし参謀の一人が大声でそれを拒否する。このようなやりとりの中で、山本が即死ではないとの証拠は次々に焼却されていった。

改めてこのような事実を検証していくと、次のような結論が導き出されてくるのではあるまいか。

〈山本五十六は特に航空機の中では銃撃されていない。一部銃痕があるように言われるが、それもない。山本は墜落時には生存していて、やはり生存していた高田軍医長などとかなり深い会話を交わしていたのではないか。さらに随行の参謀とも励ましの会話や戦争の予想を交わしていたのではないかと思う。山本のつけていた白い手袋は、少しも汚れていなく、機体は飛び散っているのに、なぜとの疑問は、今に至るも不明となっているのである〉

公式記録によるなら、山本の遺体は四月二十一日の午前に、ブイン郊外で茶毘《だび》に付されている。茶毘の前に南東方面艦隊の軍医長である大久保信大佐と一人の参謀が検案したことになっている。この記録が前述の海軍省の山本元帥の綴の一部を構成しているとの説もある。海軍省はとにかくあらゆる手を用いて、その責任を受けまいと必死だったのである。山本の遺骨はブインの丘の一角に土饅頭式に埋められて、その周辺にはパパイアが植えられたという。日本軍の敗戦のあと、そこが山本の墓であることをわからぬようにして日本軍はこの地を去った。

チャーチルは山本をどう評したか

山本については数多くの書が書かれている。今、私たちは山本をどのような視点で問い直すべきかを考える必要がある。私は、もし山本の思想、哲学、あるいは戦争観によって太平洋戦争に向き合っていたら、日本はもっと別な道を歩んだであろうと考えている。

山本五十六という軍人を、アメリカやイギリスはどのように見ていたのか。あえて山本を「敵国」の側の指導者はどう見ていたかを整理しておくことにしたい。もっともわかりやすいのは、イギリスのチャーチル首相の対日観である。皮肉屋だが、ユーモアのあるこの人物は、日本がなぜ見境もなくアメリカとの戦争に踏み切ったか（彼はこの開戦を対独戦を有利にするために望んでいたのだが）について、天皇やその周辺の人々は反対していたにもかかわらず、陸軍の指導者は、「無数の将校と他の人々は、『戦争を予言する祖先の声』が聞こえるように感じた」のだろうと書く。

つまり蒙古襲来を撃退したその頃の武人たちの雄叫びに突き動かされたのだろうというのである。山本がそうだったか否かは書いていない。チャーチルは陸軍の軍人たちの心理は、そう考えなければ理解できないというのだ。

チャーチルは海軍の軍人についてはどう評していたか。ミッドウェー海戦がアメリカの太平洋艦隊による日本海軍の連合艦隊の惨敗といった結果に終わったことに対して、日本海軍の戦略については山本らの能力を認めている。そのうえで「海軍の指導者は、計画の厳密さと、その筋書きが予定通り進行しないと目的を放棄する傾向」があり、「あっさりと身を引く」と分析していた。なぜそうなのか。チャーチルは自著『第二次大戦回顧録』の中で明かしているのだが、日本語が曖昧なことと、戦時における機密の重要性に無知なのだろう、と指摘する。山本の死は確かにそう言える。

太平洋戦争時の世界的指導者は、ヒトラーにしても、日本海軍の真珠湾攻撃の成功に冷淡だった。ヒトラーは東プロイセンのラステンブルクの大本営でこの報道を聞くや、これでイギリスはシンガポールを失うだろう、こうなってほしくはなかったのだが……と、「われわれは間違った相手を敵とした」と日本との同盟に不快の念を表している。このような流れは、山本や米内光政、井上成美らの三国同盟反対のトリオが結局は正しかったことを裏づける。ドイツの指導者から見れば、山本はむしろ「好ましからざる軍人」とさえ言えた。

山本は、国際会議に何度も出席している。外国の指導者が何を考えているか、どのような外交技術を駆使するか、熟知している。山本機が撃墜され、そして撃墜の後、しばらく生存していて死んだころ、第二次大戦はルーズベルト、チャーチルがスターリンを連合国に引き入れ、そしてヒトラーと戦う戦争の図が明確になっていた。日本はヒトラー頼みの戦争により傾斜していったのである。この期の特徴は権謀術数の戦いであり、その戦いに入る資格は山本をはじめ、陸海軍にはほんのわずかの軍人しか持っていなかったのである。

東条英機に至っては、ルーズベルト、チャーチル、スターリン、ヒトラー、蔣介石、ムッソリーニなどとただの一度も会っていない。

もし戦争を始める前にこれらの指導者の一人にでも会っていれば、少しは事態は変わったかもしれない。東条は秘書たちに、「ヒトラー如きと比較しないでほしい。向こうは二等兵あがりではないか。陸大出の私とレベルが違う」と自慢げに話していた。

山本は、むろん陸軍の軍人の寸評は口にしない。しかし内心では、戦略観に欠け、戦争の全体図を摑んでいない発想に呆れていたのではないかというのが、私の理解である。山本の心中に広がっていた「短期決戦、早期講和」は今や望み得ないと確信したのが、あえていえば前線視察という死を覚悟した行動の引き金になっていた、と私は結論づけている。

責任取り死ぬ決意をした「山本の涙」

軍人として、山本はミッドウェー海戦の失敗はどこにあるかを知っていた。あえて指摘するならば、ミッドウェー海戦時にインド洋で無敵を誇った日本の機動部隊の中の空母四艦を失い、その搭載機と搭乗員を乗せたままでの損失であった。山本はこの敗北に一時は言葉を失った。ミッドウェー作戦の中止を決めたのは昭和十七年六月六日の午前二時五十五分である。すべての部隊はアメリカ軍の攻撃圏外に退却せよ、というのが山本の命令であった。この作戦の失敗は、第一次攻撃隊の帰還、そして第二次攻撃隊出発の空白の時間に無防備となった空母にアメリカ軍の急降下爆撃機が突っ込んできたことにある。空母の甲板は瞬く間に火の海となり、発艦前の飛行機は次々に誘爆していった。このとき、空母の「赤城」はなかなか沈まなかった。

結局、「赤城」は山本の命令によって沈められた。損害を他におよぼさないためであった。山本は、「陛下の艦を陛下の魚雷で沈める」ことになった。部下たちには「責任は私が取る」と洩らしている。ミッドウェー海戦の敗戦は、山本の政略（それが「短期決戦、早期講和」だが）を根本から崩すことになり、それは山本の傷ともなった。

付け加えておくが、山本はこの敗戦は南雲司令部の作戦ミスにあると考えていた。空白の時間は司令部の判断ミスだと言うのだ。山本は、「大和」に南雲司令部の参謀を集めたときに、密かに「うちの司令部の者以外にミッドウェー海戦敗戦は第一航空艦隊にあるとは言うな」と命じている。しかし敗戦の全責任は私にあるということだとも補足した。

こう見てくると、真珠湾攻撃の成功以後、山本の政略、戦略が崩れていったことがわかる。先に紹介したチャーチルの山本ら日本軍人への批判でもあった「予定がうまくいかないと目的を放棄する傾向がある」というのも、このあたりの日本的姿勢への批判だということになるのであろう。

極めてご都合主義の「参謀たち」

チャーチルは具体的に山本の名を挙げていない。だが、山本のロンドン軍縮会議での発言やその国際感覚について、イギリスの海軍大臣も務めたことがあるから、部下から報告を受けていたであろう。一定の枠内で理解はしていたと見ることができる。

ルーズベルトは真珠湾攻撃で苦杯を舐《な》めさせられた思いを持っていたらしく、ミッドウェー海戦の様相をホワイトハウスでフィルムで見ている。日本を破ったこの戦いには、正直に喜んでいる。もっともルーズベルト夫人は、このフィルムを見て、戦争の悲惨さに取り乱してしまい「やめて。早く戦争をやめて」と絶叫したとも言われている。ルーズベルト夫妻は山本の名を「敵国の軍人」という認識で見つめていたであろう。

「山本が無能である」というのは、日本でも、国際社会でも一時期盛んに叫ばれていた。その根拠となると極めて曖昧である。国際社会の軍事評論家などからは山本は、「政戦略にすぐれた軍人」（イギリスの軍事史家ジョン・キーガンの編んだ『第二次世界大戦人名事典』）として評価されているのが、せめてもの追悼になるであろうか。

無能論や愚将論は、まるで山本憎しの思惑があるように雑言を浴びせるのが特徴だ。その筆頭に軍令部の作戦課長だった富岡定俊の名を挙げてもいい。山本とは軍令部の参謀たちはことごとく対立した。従って、その対立の図式を理解しなければ、山本がエゴ丸出し、あるいは風変わりな軍人で終わってしまう。富岡は『帝国海軍提督達の遺稿小柳資料』の中でも、山本による真珠湾攻撃により、海軍の伝統的な戦略が崩れてしまったと批判する。既述のように、海軍省軍務局の軍務課長・石川信吾などは、山本の作戦は「バクチ的なひらめきがある。健全な戦略家とはいえない」と批判している。

こういう批判は戦後の海軍内部には意外に多い。この種の批判論者は、山本の「短期決戦、早期講和」「政治は軍事に優先する」という考えに反対し、ひたすら統帥優位でごり押しした参謀たちなのである。こうした参謀たちに山本を誇る資格などありうるはずがない。山本の生存中はその方針に従い、そして戦い、その栄誉を受けていたのだから、極めてご都合主義なのである。さらに付け加えておくが、海軍内部の、たとえば富岡や石川らの批判が山本批判の具体例になることは、二重の犯罪性を持つことになる。次のような例を引くとわかりやすい。

ミッドウェー海戦の敗北は、どの程度国民に知らされたのだろうか。昭和十七年六月十日の大本営発表はあたかも日本海軍がアメリカの太平洋艦隊に大打撃を与えたかのような内容であった。大本営海軍部報道部課長の平出英夫は、日本がいかに有利に戦ったかをラジオで説き、そして得々と偽りの戦果を報道した。

その一節には次のようにあった。

「アメリカは例によって敗戦を棚に上げ、ひたすら大勝利を得たような事を並べ立てている。米国太平洋艦隊司令長官ニミッツの如きは、『最初から日本の企図は期待していたところであって、日本の戦艦航空母艦各一隻に損害を与えた』と言ったかと思うと、すぐ翌日にはこれを二倍にして『日本の戦艦、航空母艦各二隻に大損害を与えた』と宣伝し、さらに次の日には『航空母艦二隻を撃沈、二隻を大破したほか戦艦三隻を撃沈した』などと戦果を無限に拡張して如何にも大勝利らしく宣伝にこれ努めているのである」

「山本批判」に潜む狡猾な計算

実は、平出の伝えたニミッツの内容の方が正しいのである。ミッドウェー海戦に参加した士官たちは、日本に戻る艦船の中でこの放送を聞いて、ある士官は「平出のバカヤロー。こんなでたらめな放送をして、国民をいい気にさせておいていいのか」と叫びたくなったというのである。

こうした偽りの大本営発表の中心が富岡の作戦部、石川らの軍務局なのだ。彼らはこのような偽りの責任から免れるために、山本に巧みに責任を負わせることで自分たちの負うべき責任を曖昧にしていると言ってもいいだろう。海軍部内の山本批判の渦がどのようにつくられていったかを、私たちは見極める必要がある。山本批判の背景に潜んでいる狡猾《こうかつ》な計算に気づいた時、山本が批判していた本質が見えてくるからである。

そしてさらに付け加えておかなければならないのは、海軍軍人が戦死した場合、海軍省から職員が来て全ての資料を持っていくのが慣例とされている。秘密資料があったらということであろうが、一面でその人物の生きた姿や考えていたことなど一切の証拠を持ち去ってしまう。つまり、名を残すだけでその軍人の顔をうかがわせるものは何も残させない。

山本もそうであった。持ち去られた資料は大体が焼却されるそうだ。それだけに海軍人の伝記を書くのは容易ではない。山本とてその例にもれない。山本の本質に迫る評伝や人物論がそれほど多くないのは、山本の文書、史料など第一次資料が限定されているためだというのが、大方の見るところだ。

このために山本を歴史の中に正確に位置づけることが行われていない。

山本批判は、戦後も生きて自らに都合の良い資料類を駆使している軍人が自らの不明をごまかすためにとる戦略であった。山本についての資料がないのをいいことに、史実の改変まがいの形で山本を陥れているのではないか。元防衛大学教授の田中宏巳は自著『山本五十六』で、「杜撰な情報管理のために山本を死なせてしまった海軍が、山本家にある書類から機密情報が流出するのを恐れ、すべて押収していくのは、何とも身勝手な行動である」と書き、山本の情報管理よりも山本の歩みが歴史の中に正確に刻まれることが重要だと指摘している。そうすることで山本五十六は、近代日本を生きた存在として真っ当に理解されることになるだろう。

終章

山本五十六と「幻の講和内閣」

「あり得たかもしれない別の歴史」

山本五十六の乗った一番機が撃墜されたのは、昭和十八（一九四三）年四月十八日午前七時三十五分ごろである。海軍の軍医が記述したとされる「死後推定時間」は当初、七十時間と書かれていたが、その七を六に訂正して捺印《なついん》されている。しかし、既述のように、この全体的な「死体検案記録」を書いた軍医は本来検死した蜷川親博軍医より五時間以上も経ていたことがわかったし、何より海軍側軍医自身が精緻に見ていないと、蜷川軍医の実弟親正の調査ではわかっている。

海軍の軍医の死後七十時間という当初の記述では、山本の一行がまだラバウルにいることになる。六十時間でもまだ飛行機に乗る前である。しかし検死した時間（二十一日の午前八時）から見ると当たっているといえる。つまり、この「死体検案記録」もあてにならないのだ。

蜷川親正は、先の書（『山本五十六の最期』）で次のように書く。

「山本元帥の死因は、全身打撲か内臓破裂により、不時着時はそのショックで、天蓋《てんがい》を打《ぶ》ちぬいて飛び出していた。やがて正気になり、座席に座り、救助を待っていたが、

（略）十八日の午後よりは容態が急変して、夜を迎えるとともに体力の消耗はなはだしく、十九日夜明けとともに、息を引きとったものであろう」

各種の調査を進めてみて、山本は二十時間近く存命し、救助を待っていたと結論づける。私もこの見方が妥当だと思うのだ。山本はこの間に、どのような感慨を抱いていたのだろうか。ノンフィクションの枠組みを超えることになるが、終章ではあえて歴史上の「イフ」を想定し、歴史的事実の中に私が考える山本の意思を小説風に織り交ぜて、「ありえたかもしれない別の歴史」を虚実皮膜の手法で描いてみることにしたい。

山本五十六は海軍の大先輩である鈴木貫太郎を尊敬していた。昭和十一年の二・二六事件時に山本は海軍の航空本部長であり、直接に事件と関わりを持つ立場ではなかった。鈴木は侍従長であり、直接に青年将校と下士官や兵士から襲われている。反乱将校からすると、天皇の「君側《くんそく》の奸《かん》」というわけだが、山本はこの事件に激高したものの、事件への対応に特別に差配を振るう立場にはなかった。

ただその後、山本とともに三国同盟に反対する、米内光政は横須賀鎮守府司令長官、井上成美はその部下の参謀長であった。二人は海軍の陸戦隊四千人を、軽巡洋艦「那珂《なか》」に乗せて東京湾で待機させた。山本と通じている海軍内部の「同志」は、この反乱を許さないとの明確な意思を示したのである。

「吉田反戦グループ」ヨハンセン

山本は事件から四カ月後、病の癒えた鈴木を訪ねている。むろんお見舞いもあったが、山本は鈴木の人間性を確認したいとの思いもあっただろう。この時の面談の印象を山本は書き残している。その一節に次のようにある。

「鈴木大将は温厚慈愛の人格者なるも、その胸中烈々たる忠誠の赤心《せきしん》と、剛勇不撓《ごうゆうふとう》の胆力とを、有せらるる、余の最も尊敬せる先輩なり。見よ二・二六事件凶徒の襲に合うや、かねて用意の銘刀をさぐって得ず、遁辞《とんじ》のそしりを得んは武士の恥辱なりとて、徒手凶徒らの面前に立ち、彼らが『問答無用』と叫ぶや、しからば『撃て』と堂々屹立《きつりつ》して、其の数弾に倒れられたる態度の、如何に悲壮にして美事なりしかを（以下略）」

この表現を見ても、山本の鈴木への傾倒ぶりは余人の及ぶところではない。

一度山本から離れて、太平洋戦争の開戦時、開戦に距離を置いていた有力者を整理しておこう。近衛文麿と吉田茂がいる。近衛は首相経験者、吉田は駐英大使などを務め、いずれも対米英戦争に批判的だった。二人とも憲兵により、日常的に監視を受けていた。史実を紹介すれば、吉田は昭和十七年六月、近衛に、東京・荻窪の荻外荘《てきがいそう》（近衛の私邸）で会っている。そこで吉田は、「あなたはスイスのジュネーブに行き、その地でホテルに泊まっているといい。そこに各国の人たちが近づいてくる、その機会を和平交渉に振り替えたらいいではないか」と説得した。

近衛はその説得に応じ、では木戸幸一に話して天皇に伝えてもらおうとなった。二人は木戸に伝えたが、木戸は天皇にこのアイデアを伝えたとは思われない。ただし木戸は、東京裁判ではこの件を自分が早くから終戦を考えていた例として証言している。

昭和十七年六月ごろにあったこの事実をもう少し整理しておこう。

吉田はこのころ大磯に住んでいた。憲兵と特高警察が常時監視していて、大磯周辺に住む吉田のグループを「吉田反戦グループ」、略して「ヨハンセン」という符丁で呼んでいた。この中には、原田熊雄、池田成彬、樺山愛輔、牧野伸顕、鈴木貫太郎、宇垣一成、殖田《うえだ》俊吉、若槻礼次郎、古島《こじま》一雄、小林躋造《せいぞう》、有田八郎、小畑敏四郎、岩淵辰雄などがいた。

ここに名を挙げたのは、いわばヨハンセングループのメンバーとして、ジョン・ダワーがその著書『吉田茂とその時代』で推測したのと、私が吉田茂の評伝を書いたときに集めた資料によって推測した人物（たとえば有田八郎など）を含んでいる。当時、吉田は六十三歳だが、ほぼ吉田と年齢の近い有力者が並んでいる。宮廷官僚、陸海軍の軍人、実業家、華族、新聞人など多彩なメンバーである。彼らに共通しているのは、対米英戦争に反対で、明治維新の先達が目指した立憲君主型の政党政治に戻れという点にあった。

「講和内閣」を作る軸になり得た山本

昭和十七年六月のミッドウェー海戦に敗れたのを機に、講和内閣を作る可能性があった、というのが、私の想定する歴史上の「イフ」である。山本はこの動きの軸になり得たのではなかったか。ここで二つの道を想定する。一つは誰が講和内閣の軸になるか。もう一つは天皇の真意を誰が確認するか、である。意外なことに、内大臣の木戸幸一は頼りにならない。木戸はこの機に、日本が講和に踏み切ることはできないと考えていた。

「ドイツとは単独不講和条約を結んでいますから、ドイツと話をしない限り、そういうことはできない」(『華族―明治百年の側面史』金沢誠ほか編)というのだから、木戸は天皇には講和の話は伝えない。言うまでもなく、講和の軸になって動くのは、つまるところ吉田と近衛の二人である。そして天皇に講和の可能性を説くのは、牧野伸顕と鈴木貫太郎である。もっとも天皇に近い存在であり、しかも年齢的にも昭和天皇の父親の世代にあたる。

山本は鈴木貫太郎に近づくことができる。吉田は牧野の女婿《じょせい》である。この二人が天皇に、この戦争がきわめて危険な状態にあり、この国が滅びる可能性があると説得することで、木戸の天皇への影響力を削《そ》ぐ方法があり得た。そのうえで近衛に昭和十六年十月に首相の座を離れて以来の第四次内閣を組閣するように命じる方向がさぐれたはずである。

客観的にこのような形の講和勢力の形成が可能だったかということになれば、

まったくゼロだったというわけではない。ここで問題になるのは鈴木、牧野や岡田啓介、若槻礼次郎などの重臣組の協力をどのように仰ぐか、その連携役を誰が務めるのか、といった点である。

ここで、山本が撃墜時の苦痛から解放され、そして随行の軍医長や参謀が死を受け入れている時、山本は「短期決戦、早期講和」が可能だったか否かを自らの最期に考えていたとの推測に戻る。山本は対英米戦争に勝つわけはないと信じている。ただし緒戦で、アメリカ軍の太平洋艦隊を叩き、その出鼻をくじくことで講和をと考えたのだが、それはまったく甘かった。むしろミッドウェー海戦で敗れた折に政治の側から講和をすべきであったと、山本は考えを変えたであろう。ブーゲンビル島の撃墜地のジャングルで、死を想定しながら、早期講和が可能なのかの想像を試みて歴史と向き合っていたと私は思う。

吉田、近衛ルートと山本がつながる回路は意外なところにあった。開戦時、アメリカの駐米大使館で駐在武官を務めていた実松譲は、日本に戻ってからは軍令部の情報部でアメリカのラジオ放送を翻訳して海軍大臣や軍令部に届けている。これとは別に外務省は毎週海外放送を傍受して、それをまとめた通信リポート

『ザ・ウエーブ』を各界の限られた有力者に配布している。吉田や近衛の元にも密かに届けられていた。それ故に二人とも、ミッドウェー作戦の失敗を知っていたのである。むろんそのことはヨハンセングループやその周辺の人々には伝わっていたのだ。

講和内閣を誰よりも深く望んでいた

実松は外務省としばしば打ち合わせを行った。その実松に、かつて三国同盟締結時の反対トリオの一人、山本から極秘のメッセージが届いた。外務省内部の親英米派の吉田や有田と連絡し、戦争終結の構想を確かめろという内容である。実松はその接触の内容を駐在武官だけがわかる暗号で山本に伝えた。こうして吉田、近衛と山本の回路がつながることが可能だった。山本は講和内閣ができたなら、それは近衛内閣になるとの前提で、自分は入閣して講和に一肌脱ぐつもりがあることも吉田には伝えている。

吉田と近衛は、共に電話を盗聴されている。そのために吉田はいつも執事の安斎老人に手紙を持たせて近衛に届けさせた。近衛は時に変装して東京・永田町にある吉田の私邸を訪ねてきたりした。昭和十七年七月の半ば、吉田は夜更けに密かに荻窪の荻外荘を訪ねて講和内閣が進捗《しんちょく》していることを報告している。近衛はどうあれ講和内閣を作り、この戦争を収める必要がある、と吉田に詰め寄った。吉田は岳父の牧野伸顕に、近衛との連名で講和を企図する内容の天皇への書簡を密かに送ったことを伝える。

天皇は牧野に会いたいと言い、それを木戸は取り次いだ。木戸はどういう内容かわからないことに不安を持ち、吉田周辺に連絡してきた。しかし今なぜ、二人が会うのかは誰にもわからなかった。

青山の貞明皇后の東御所で天皇と牧野は会い、三時間ほど余人を交えずに話し合った。しかしそのあと天皇は、日を置いて木戸を呼び、東條英機首相に内閣の中に終戦担当の大臣を置くように命じた。牧野の意見をもとにした動きである。そのことを知る吉田は、それは重臣クラスの大物でなければならないことだから、近衛にも誘いが来るだろうが、断るようにと近衛に助言した。大物はいずれも断る。

つまり聖慮は、東條は内閣ではなく、軍事参議官のような立場で戦争指導にあたり、新たに内閣の誕生が促されるという形を取ることになると、吉田は近衛に説明する。近衛が、軍の協力は得られるかとの不安を洩らすと、陸軍は宇垣、海軍は米内光政、山本らが講和の意思を持っていることが伝えられる。

近衛はこの年（昭和十七年）の一月に、その年に使用する手帳に、「もの言えばいのち短し言わざれば国危しと思う日のある」と書いた。この戦争に不安を持ち、反対を続けているとの信念は、社会的に孤立しているという感を持っていた。吉田との連携で、近衛は次第に覚悟を定めた。そして天皇から大命降下されたら、自らの信念である講和への道が日本を救うと同時に、これが忠臣の義務だと考えた。

山本が、こうした形の講和内閣を誰よりも深く望んでいたことは間違いないだろう。そこで第四次近衛内閣がどのような布陣で生まれ、どういう形で講和を進めたか、山本はいかなる役割を果たしえたかを想定してみたい。

「短期決戦、早期講和」という聖慮

早期講和を目指す内閣は、もっとも天皇の信頼の厚い牧野伸顕との密かな話し合いによって始まった。牧野に早期講和を天皇に促すように進言したのは、当初は女婿の吉田茂だが、その途次からは近衛文麿も覚悟を決めて自らがそのような内閣を組閣する意思を持った。

終戦工作担当の重臣級の大物を特別大臣として入閣させよ、との天皇の強い意思表示に東條英機首相は驚き、その策の実現を企図したが、誰もが入閣を拒否した。そのような事態に東條は天皇から軍事参議官として戦争に関わるように命じられ、内閣を継続するのは無理だと遠回しに言われた。天皇は東條に戦争に対して距離を置くことを承知させたのである。

撃墜されたブーゲンビル島のジャングルで、二十時間近く生存していた山本が、死に至るまでの時間に、講和内閣が成立してそこで自らがどのような役割を果たせるかを、さまざまな状況を想定して考えていたと仮定しよう。それを前提に書き進めたいのである。それが私の山本五十六への追悼でもある。

山本が、軍令部総長の永野修身から柱島に停泊している大和の司令長官室宛ての電文を受けたのは、昭和十七年の七月二十五日であった。軍令部に出頭せよ、ただし極秘ゆえに参謀長以外には伏せられたし、というのであった。東京で異変がある、それは山本には朗報のように思えた。和平なら自分が、との思いであった。しかし参謀長には、何か大きな作戦があるのだろうと言葉を濁した。

その永野から、山本は軍令部総長に就くよう命じられた。永野は、「聖慮は早急に講和の方向を目指すとのことだ。開戦の拙速さ、戦況の長期的視点、そして国力の限界などのほか」と言った後、つぶやいた。「お上は、戦争より外交に、という本来の立場に返るおつもりのようだ」

その口調は不満と苛立たしさそのものであった。海軍大臣は米内光政であり、軍令部総長は山本、そして嶋田繁太郎と永野は身を引くというのであった。

そのあと山本は、永野とともに御前に進み出て、聖慮を確かめることになった。天皇は開戦の一週間前に山本に会っているが、今回はただ一言、「山本、頼むぞ」とだけ言った。山本は自らの「短期決戦、早期講和」が聖慮だと知り、内心でその役を最後まで演じることに決意を固めた。

昭和十七年八月に入って間もなく、第四次近衛内閣が誕生した。最初は海外向け放送において発表された。アメリカ側へ「国策が百八十度転換する」との意思表示であった。講和への意思でもあった。事実、アメリカの海外向け放送は、日本が三国同盟を形骸化し、日中戦争にも暫時消極的になるならば、つまりハルノートの段階で交渉継続ならば講和への方向は考えられるとのメッセージを発表している。

講和内閣の主要閣僚

第四次近衛内閣の誕生と同時に軍令部総長に山本、次長に井上成美、そして陸軍は参謀総長に東久邇宮稔彦《なるひこ》親王、次長に下村定《さだむ》が新しく赴任した。陸軍は皇族で抑えるというのであった。そして近衛内閣の主要閣僚は次のように発表された。

総理大臣…近衛文麿
副総理兼終戦担当…吉田茂
外務大臣…東郷茂徳
内務大臣…殖田俊吉
大蔵大臣…石渡荘太郎
陸軍大臣…宇垣一成

海軍大臣…米内光政
司法大臣…岩田宙造

他には文部大臣が橋田邦彦、農商務大臣が石黒忠篤、商工大臣が池田成彬、逓信大臣が安井英二であった。さらに無任所大臣に長谷川清（海軍）、小畑敏四郎（陸軍）、有田八郎、有馬頼寧《よりやす》などが名を連ねた。書記官長は第三次近衛内閣でもその役を務めた富田健治である。大臣の中には東條内閣の者も含まれる。たとえば橋田邦彦のように医学者としてすぐれた科学者もいたが、開戦後は文部行政に嫌気がさして辞任していた。

東條内閣の退陣、そして近衛内閣の登場は国内の世論を混乱させることになった。東條は軍事参議官という立場では、実質的に発言力を失うことになる。戦争指導は間接的になる。それが我慢できない。加えて陸軍大臣に宇垣を据えるのはどうにも認められない、と強硬に近衛に直談判する。陸海軍大臣は現役の武官でなければならないという慣例に反するというのであった。しかも、陸軍大臣の決定は三長官会議によるのが慣例で、こんなやり方は認められないと不満を持つ。

東條はこんなことがまかり通るなら陸軍内部は不穏な空気が漂うと脅かした。近衛は、今は非常時だから慣例にとらわれている時ではないと答えたあと、

「あなたは昨年十月に、この官邸で私に何を言ったか。人間、一度は清水の舞台から飛び降りることも必要だと言った。私にとって、それが今であり、あなたがあの時、これ以上話すと感情的になるからと私に会うのを拒否したように、私はもうあなたとは会うことを拒否する」

とはねつけた。講和に乗り出すというのは何よりも勇気が必要だった。今、第四次近衛内閣に問われているのは、まさに勇気だったのである。近衛は最初の閣議で、「私の四度目の内閣は、聖慮の一端を果敢に実行する内閣です。果敢に、勇気を持ってです。戦争目的と戦果を吟味しつつ、併せて外交交渉を再度検討していくのです」と繰り返した。

そこには彼自身の不退転の覚悟が表れていた。

抑えられた「クーデター騒ぎ」

山本は東條とは親しく話したことはなかった。三国同盟への道筋では、陸軍次

官の東條は強硬な推進論者だった。山本は東條に好感情は持っていない。何としてもこの第四次近衛内閣で講和をと決意していた。前線の兵士たちは日々、一身を賭して戦っている、我々も一身をかけて講和に取り組もうと山本は周囲の幕僚たちに説いた。官邸の中の一室に吉田が詰めていて、山本はよくその部屋に呼ばれた。

「日本の軍事はもう限界か」と吉田は山本に尋ねる。山本は、「限界に近づいている」と答えた。近衛は国民に向けて「聖戦完遂と外交交渉を主軸に第二段階へ」と訴えている。

山本は軍令部の幕僚に、これからは軍事作戦と講和の交渉との二段構えの方針を採ることを明言している。近衛と歩調を合わせていたのである。この内閣は近衛、吉田、東郷、宇垣、そして山本で動くのだが、東郷は開戦に反対したにせよ開戦時の外務大臣であることは否定できないので、終戦に至る調整は吉田が主務担当になった。その吉田は、牧野伸顕がしばしば天皇に会い、戦果と終戦工作を睨み合わせながら現実を動かす形をつくった。戦況については山本が相談役を担ったのである。

第四次近衛内閣の誕生から一カ月ほど後の九月に、陸軍内でクーデターの動きが顕在化した。吉田は駐英大使館時代の駐在武官だった辰巳栄一を陸軍省の兵務局長に据えるよう宇垣に要請し、それを認めさせていた。その辰巳から憲兵隊ルートの情報では東條系の幕僚や参謀が軸になって、偽の動員命令で東部軍や近衛師団を動かす案が話し合われているとの内容が伝わってくる。

憲兵隊の中にも反東條の人脈が息づいていたのだ。東部軍や近衛師団の師団長などが宮中に呼ばれ、侍従武官長から聖慮の意味が説明された。彼らはそういう不穏な動きに同調しないことを誓約した。九・一〇クーデターはこうして抑えられた。

山本は、クーデターの報告を聞いてもさして驚かなかった。なぜなら今回の内閣は聖戦完遂を声高に叫ぶより、戦時外交を強調する上に軍人の発言が全体に弱まってきたからでもあった。山本は、それ故に軍事の限界を見極める見識をそれとなく説いた。大本営はミッドウェー海戦での惨憺たる敗戦を正直に告げた。航空母艦四隻を失った現実を明かし、その上で山本は率直に詫びた。それは講和に向けての伏線にもなるのであった。

講和に行き着くまでにクーデター騒ぎやテロも十分にあり得た。第四次近衛内閣はそのことは十分に予想していた。しかしこの国が、幕末、維新、そして軍事主導体制をとってきたにせよ、アメリカ、イギリスの二大強国に立ち向かうなどというのはまさに無謀であった。それが情報に通じている者の常識だった。国民に偽りの情報と知識を与えることで正常な判断ができなくなっているのを、さしあたり変えていかなければならないというのが近衛たちの方向であった。

山本は、自分が開戦前に近衛に対して、「一年や二年は暴れてみせるが、それ以上は無理」と発言した内容を紹介しながら、国力の限界はもう超えつつあり、今は冷静な判断が必要であると国民に向けても説くようになった。

工作が失敗したら徹底抗戦しかない

その山本の元に、近衛と吉田、それに東郷外務大臣の三人から密かに会いたい、との連絡が入った。深夜、山本は心を許している秘書と二人で東京・荻窪の荻外荘に入った。四人が応接間に揃うと、東郷と吉田が小声で話し始めた。内容は次のようになった。

〈中立国スウェーデンの駐日大使バッゲを通して米英両国に密かに軍事から非軍事への政策転換について打診した。両国は三国同盟からの離脱、中国からの段階的撤退することを軸に要求に応じるとの回答を寄せた。つまりハルノートの段階に戻るのならば交渉に応じるというのだ。

これに対して聖慮の承諾を得ようと思う。ついてはあなたは日本の軍事力がどの程度かをお上に正直にお伝えしてほしい。嶋田さんや杉山（元《はじめ》）さん、東條さんらは陛下に真実を伝えていない……〉

山本は素直に頷いた。その役は引き受けなければならないと覚悟していると答えた。吉田は、アメリカ海軍の有力者が「この方向に山本は加わっているのか」とスウェーデンの武官に尋ねたとのエピソードをやはり小声で伝えた。「誰かわかるか」と吉田は囁いた。

山本はすぐに頷いた。心当たりがあったのだ。それはアメリカ陸軍の指導部にいるアーノルドだろうと想像できた。あるいはキング提督かもしれないと思った。ルーズベルト大統領には四人の軍事顧問が付いている。陸軍、海軍などの重鎮である。ヘンリー・アーノルドは航空畑の専門家で、まだ五十六歳なのに陸軍航空隊司令官を務めていた。太平洋戦争の航空戦略の要でもあった。山本は国際会議で面識があったのだ。統合幕僚会議の主軸メンバーが日本側の申し入れを検討しているとするなら、日本側の真意に真剣に対応しようとしているのかもしれないと山本は威儀を正した。

アメリカ側の対応は、東條に代わって近衛であることに信頼を持っていることが四人の共通の理解でもあった。まず天皇に率直にこのルートでの講和を考えるべきことを進言するのが先決である。近衛の上奏のあと、東郷が、そして山本が上奏することを決めた。事態を一刻も早く前に進めなければならない、と四人は意見を揃えた。

山本はこの日のあと、参謀本部に東久邇宮と下村定を訪ね、アメリカ側の反応を伝えた。陸軍がこうした動きに距離を置くとの姿勢を保っているのは意図的であり、内部の反発を計算して講和の失敗時には距離を置いておくためだった。そのことはこの講和工作が失敗すれば、日本は徹底抗戦の道しか残っていないという意味でもあった。

アメリカは反攻段階に入っただろう

第四次近衛文麿内閣が誕生したころ、陸軍の動員体制は、開戦時の五十一個師団、二百二十七万人から師団にして十個師団、兵士は十四万人ほど増えていた。昭和十七年九月のことである。所要の配置は対ソ戦用に満州・朝鮮に十七個師団、中国戦線に二十七個師団、日本本土の国土防衛と称し六個師団、対英戦に備えてビルマ・マレーに八個師団、対米戦の地上兵力として、フィリピンなどに三個師団が送られていた。これだけの兵力が戦時用に動員されているのだから、陸軍を動かす陸軍大臣の宇垣一成や参謀総長の東久邇宮稔彦、次長の下村定らは講和を目指す動きを巧妙に進めなければならなかった。山本は彼らに同情しつつ、海軍もこれに劣らずの動員をかけていたから、自らも死を覚悟して日々を過ごさねばと改めて自戒した。

九・一〇クーデターを未遂で乗り切ったことで、山本はひとまず戦争継続のエネルギーを弱めることに成功したと確信した。同時に国内世論は全てが戦争継続ではなく、戦争を収めるべきだとの声が意外に多いことを山本は知った。密かにそのような意思を伝達してくる政治家や天皇側近がいたのである。

「この戦争は東條の強引な主導によって始まり、聖慮も十分に納得されていない。お上は政務室で密かに煩悶されている」

とのある侍従の言が、山本に伝わってきた時に、山本はもっと積極的に天皇に意思を伝えなければと覚悟した。少なくとも講和の方向に進んでいくなら、陸軍の動員などはやめなければならない。陸軍内部の戦争継続派は巧妙に天皇に動員要請をするだろうが、国内の労働者を根こそぎ動員してどうして銃後の守りができるというのか。

吉田茂副総理と東郷茂徳外相、それに鈴木貫太郎内閣顧問、野村吉三郎、有田八郎などのアメリカ側とつながるそれぞれのルートによって、密かに講和の打診が続いていたのである。山本は吉田、東郷、近衛、宇垣などと常時会議を開き、その動きを確認していた。

実際の戦局は、ガダルカナルでの戦闘で日本軍はかなりの打撃を受けていた。ガダルカナルでの戦いはアメリカ側の本格的反攻とは陸海軍の中堅参謀たちもまだ考えていなかったのである。アメリカは開戦から一年、あるいは一年半の間に戦時体制を確立したうえで、太平洋艦隊を日本の占領地に向かわせるだろうと予測していたのであった。

しかし山本は、アメリカはすでに戦時体制に切り替えて、本格的な反攻段階に入っていると見ていた。講和を早めなければといささかの焦りも感じていたのであった。それを天皇に上奏するのが早ければ早いほど日本を救うことになると考えた。その機会は意外と早くに訪れた。近衛から、天皇がガダルカナルでの戦いにいたずらに兵力を投入するのはおかしいのではないか、海軍はこの奪回に関心がないのではないか、と洩らされていると聞いたのである。そのうえで、「吉田副総理と相談し、お上に戦争の前途は明るくないとの現実をぜひ詳細に伝えてほしい」というのであった。

天皇に真実の戦況を上奏する山本

吉田は面会を求めてきた山本に、「講和の交渉はこの九月か、十月がタイムリミットかもしれませんね。さまざまな条件を分析していくとそうとしか思えない」と不安そうに言う。その理由は、ルーズベルトが講和のかじ取りに主導権を発揮できるのはそろそろ限界にきているからだと言うのであった。そして次のような理由を挙げた。

一、一九四二年七月にルーズベルトは、マーシャル陸軍参謀総長に、アメリカとイギリスによる対ドイツ作戦、アフリカへの上陸作戦、そして日本に打撃を与えるための太平洋での作戦を徹底的に行うための作戦計画を立てよと命じたという。アメリカのラジオ放送はそう伝えている。

二、独ソ戦はドイツがスターリングラードに入り、それに応戦するソ連軍との間で激しい攻防戦を進めているが、アメリカがソ連に軍需物資の援助を始めたこととソ連の国内体制が整ってきたことでドイツの優位は崩れつつある。

そのうえで吉田は、「なぜこの戦争が行われているかの重大な説明が、今なお果たされていない。軍人の面子や意地で行っているのではない。国民生活を守る、国家の安寧を図るという目的のために行っているとの理解を説明する必要がある。しかし現実に戦争継続はこの目的にまったく合致しなくなっているとの説明が求められている」と言い、そのことを自分が政治の面から、あなたは軍事の面から説くようにしたいのだが……と遠慮深げにつぶやいた。山本は同意するとうなずいた。

山本には、海相の米内光政からも、ミッドウェー作戦で戦死したパイロットが、いずれも優秀な者ばかりで人事局からその経歴が届いて愕然としたとの言が伝えられた。むろん山本が信頼を寄せるパイロットたちも亡くなったことは聞かされていたが、その犠牲によって想像するよりはるかに戦闘能力が落ちていることが次第に明確になった。

山本はガダルカナル奪回について、天皇の前に進み出て、現実に戦争継続はもう無理であることを告げた。天皇は失望の表情になった。東條時代に軍令部総長の永野修身や海相の嶋田繁太郎などは、天皇に対して甘い見通し、そのうえ嘘で固めた戦力比を伝えていたので、現実を正確に理解していたわけではなかったのだ。山本は意を決して、「畏《おそ》れ多いことでありますが、現状の彼我との戦力比につきまして一言述べさせていただきたく存じます」

と口を開いて言った。

その話の趣旨は以下のようなものであった。

〈連合艦隊司令長官として、私に与えられた使命は真珠湾攻撃を見ても、ある程度は全うできたのですが、しかし長期的に見ればこのような戦果を上げるのは緒戦に限られていると言っていいように思います。私はアメリカでの駐在武官を二度にわたり体験いたしました。そこで感じたことはアメリカの国力です。物資の面では圧倒的な開きがあります。精神的には日本とて負けないわけではありますが、現実の戦争ではある段階からは相当な開きが出てきます。残念なことではありますが、戦争継続は国家の滅亡につながるのではと恐れます。日露戦争のごとく、早めに手を打ち終戦の話に進むべきかと愚考する次第です〉

外交で解決したいアメリカの意向

天皇は黙って聞くのみであった。あるところで、「山本の話は東條や嶋田、それに杉山、永野などとは大きく違うね」と口を挟んだ。これまで受けている報告とは違う内容を、山本の口から聞かされたというのであった。その瞬間、山本は不覚にも涙が出そうになった。天皇は、この四人が必ずしも真実を告げていないことをうすうす感じていたのである。彼らの話に偽りやごまかしがあり、それを聞かされている天皇の心中に思いが至ると、山本はこの戦争はやはり一刻も早く講和を目指す以外にこの国を救う道はないと確信を深めた。

山本が、アメリカの指導者は真の敵はドイツと見ていて、日本とは戦わずに外交で懸案を解決したいとの意向を持っている、それはハルノートが示しているとの見方を示した。天皇は黙って聞いていた。山本が退出するときに天皇は、「山本は鈴木の意見をよく聞いてね」と声をかけた。鈴木というのは鈴木貫太郎を指している。天皇は、今は直接に側近とは言えないにしても、かつての侍従長であった鈴木の見識と実行力に信頼をおいている、と明かしたことになった。

山本は、天皇との間で了解事項が成り立ったように思った。命を投げ出しても講和を進めるとの決意をよりいっそう固めることになった。

吉田を中心とする外務畑の講和派は、アメリカとの接点をもとめて、スウェーデンやスイスを介したルートを模索した。講和の条件として、ハルノートが示していた各項目を再度検討していこうということになり、吉田は有田八郎らとともにその項目が受諾可能かを確かめていった。結局、日本は開戦前の日米交渉時に日本側が提示した乙案（太平洋での武力行使の禁止などを謳う）をもとに太平洋戦争前の平時の状態に戻すことで、双方が妥協するのを阻む因はなくなると判断したのである。

それでも講和の条件づくりは、吉田を中心に、外務省、陸軍省、海軍省、それに山本の命令で大本営からも次長クラスが参加して進められた。近衛はその会議の席に姿を現し、この秘密裏に進む作業を励ました。この作業は、バチカンの原田健公使からの電報でさらに拍車がかかった。

それは、ルーズベルトが近衛に宛てたメッセージであった。そこには「かつての外交交渉を無視して、真珠湾攻撃を始めたのは暴挙であり、我々には許しがたい態度だが、一方でこのまま戦争が継続すれば双方に得るものはないと思われる。日本側から改めて天皇の親書が届くなら、我々は講和会議に出席するだろう」という内容だった。そのうえで、「我々は元駐日大使のグルーと私の政治秘書であるハリー・ホプキンスが窓口になるだろう」とあった。これと全く同じ内容が、モスクワの佐藤尚武大使からも送られてきた。モスクワのアメリカ大使館から呼び出されてこのような申し出を受けたというのであった。日本側が頼りにしていたルートから色よい返事があったのである。

近衛と吉田は天皇に会い、率直にこの申し出を伝えた。天皇は牧野伸顕や鈴木貫太郎の意見をすでに受け入れていたので、親書を送ることに納得していた。こうしてルーズベルトと天皇との間に血液が通うことになった。山本は、近衛や吉田からルーズベルトの応諾の回答を聞かされて、その日（十月十二日）は喜色を浮かべていた。

「短期決戦・早期講和」とつぶやく

この背景には、駐日大使だったグルーの尽力があると吉田から聞かされ、山本は一度だけ料亭にグルーを呼び、日本の海軍の説明をしたことがあったと思い出した。昭和十四年ごろに三国同盟に反対しているときに説明をしたことがあったのである。

講和会議で再会できるなら、山本には雑談の形で思い出話を交わしたいとの思いがあった。そう思いながら、真珠湾攻撃、そしてそれが結果的に無通告だったことには謝罪が必要であることも憂鬱な感情とともに思い出した。

ルーズベルトがなぜ講和交渉に応じる気になったかは、推測する以外にない。ジョン・ガンサーが書いた『回想のルーズベルト』によるなら、ホワイトハウスでルーズベルトはアメリカ軍の作戦の最終責任者として作戦を進めつつ、同時にアメリカ世論だけではなく、国際世論も考えなければならなかった。その立場から言うと、日本がドイツに従属し、中国を侵略している限り戦わなければならないが、ドイツから離れ中国から撤兵するのであれば、戦わなくてもいい。その方向を日本が示唆してきたのなら、講和に応じてもよいということだろう。

この後、吉田とホプキンズとの間で秘密のやりとりが続いた。

日本側は戦局を停滞させている間に、この方向にまとめることにして閣議、御前会議で二つの柱を決めた。三国同盟からの段階的離脱、中国からの撤兵である。戦局についての停戦は、個別に論じることにした。二つの柱は山本にとって異存はなかった。いや、海軍はむしろその方向こそ望ましかった。陸軍の不満は聖慮で抑えてもらうのも、山本たちの期待であった。

昭和十七年十一月、初夏のメルボルンで講和交渉が始まった。メルボルンを選んだのはこの極秘の講和交渉を国際社会に知られたくないとの日本側の意向でもあった。オーストラリア政府は日本側が出した条件（秘密の厳守や代表団員の生命保証など）の順守を約束したのである。

山本は代表団の一員として、交渉に加わった。会議の初日、アメリカ側の代表団にアーノルドが加わっているのを見て、山本は息をのんだ。ルーズベルトはこの交渉に真剣であることがわかったからである。山本は「短期決戦・早期講和」という語を何度かつぶやいた。その方向が明確になり、山本は交渉の前途に曙光《しょこう》を見た。

ブーゲンビル島で撃墜されてから二十時間余、生存していた山本五十六の脳裏にはこのような歴史劇が浮かんでいたに違いないと、私は考えているのである。そう考えることが、自らの志と異なった道を歩み、死を受け入れた一軍事指導者への追悼にほかならないと信じるからだ。それが山本への次代の者の礼儀だと思うからである。

二十一世紀の山本五十六論のために——あとがきにかえて

太平洋戦争の開始から八十年近い時間が流れている。この戦争について、これからの五十年、百年、どのように語られていくだろうか。

むろん早計に予想することはできない。太平洋戦争を歴史的に客観視してみると、日本が欧米先進諸国に無謀な戦いを挑んだのはそれなりに理由があるのだろうと、同時代の人びとには気づかなかった問題意識がさぐりだされているかもしれない。近代日本の政治、軍事指導者の資質やその政策は納得できないにしても、国民はきわめて生真面目に戦争の時代を生きたという論が起こる可能性もある。

しかしこのような見方が出されるにしても、山本五十六という海軍軍人の人間像だけは賞賛まじりに語られるのではないか。なぜなら、山本は単に一軍人ではなく、この期に生きた日本人の特性をさまざまな面で代表しているからである。山本を語ることによって、昭和という時代の日本人の長所もその欠点も検証できる、ひいては太平洋戦争のなかにひそんでいる戦争観も理解できる。いや指導者の資質にはどのような条件が挙げられるかという分析も可能であろう。

そのような認識をもとに、本書の最後に、改めて山本五十六という軍人を解剖しておきたい。さしあたり二十一世紀に入っての「山本五十六論」という視点をさぐってみたいと思うのだ。

山本を考えるとき、いやもう少し具体的に言うなら、山本論を試みるとき、いつの時代にあっても忘れられない立脚点が三点あると私は考えている。第一点が「山本は親英米派であったこと」であり、第二点は「山本は明確に戦争観を持っていたこと」、そして第三点は「指導者の義務と責任を自覚していたこと」である。この三点は、山本を語るときの基本的理解である。このいずれを欠いても、山本論は歪みを生じてしまう。私の見るところ、昭和後期から平成にかけてのころに、山本論は数多く語られているが、そこではしばしば「山本は本当はあの戦争に反対だった」ということや「山本は敗戦を覚悟のうえで戦争指導にあたった」という類いの話が中心になっていた。とくに、山本が部下に対してどれほど思いをかけていたかといった人間味あふれるエピソードが次々と紹介され続けた。

確かにそうした話やエピソードは、山本の人間像をよく伝えている。山本を理解するための重要な布石であり、本書でもその見方を紹介している。だがそうした語り口は、山本という人間の生きた時代に通じている同時代の話と言える。歴史的に山本を俯瞰するとき、あるいは山本を歴史の中に位置づけるときは、同時代の枠組みを超えていかなければならない。

それゆえに、私は前述の三点をまず前提にしなければならないと考える。この三点を据えることで同時代の枠組みが超えられるはずなのである。

第一点の親英米派であるという位置づけは、山本はアメリカという国家の潜在能力を知悉していたとの意味だけではない。この論の根拠としては、山本の二度にわたるアメリカ駐在武官生活が挙げられてきた。

私はかつて山本五十六のこの間の生活にふれて次のように書いたことがある（歴史街道編『山本五十六』）。

「山本は、海軍の中でももっともアメリカを知る軍人であった。もっと大きくいえば、国際情勢全般をにらみあわせながら、日本を理解できる数少ない軍人だったとも言える。海軍の軍人にはリベラルなタイプが少なくないが、山本はその系譜に連なる一人だったと言ってもいいであろう。だから山本のアメリカ観も、基本的には、アメリカの工業力、生産力を冷静に分析してのものであった」

山本は、休暇をとってアメリカ国内をよく旅行している。そして実際にアメリカ社会をつぶさに見て回った。そのうえで、「デトロイトの自動車工場とテキサスの油田を見ただけでもわかるが、アメリカと無制限に建艦競争をしたところで勝てるわけがない」との感想を持つようになった。ともすれば、現実のアメリカを見ないで思い込みだけで論を組み立てる軍人が多かったなかで、山本は理知的、実証的であったのだ。

しかし、こうした段階でとどまっていれば、山本は、軍人としてアメリカと戦う国力など日本は持っていないと主張する知米派にすぎなかった。

ところが山本は、その心中では知米派の領域を越えて親英米派の意思を持っていたのである。このことを理解しておくことが、なによりも重要である。この親英米派という語は外務官僚だった幣原喜重郎、吉田茂などに主に用いられるレッテルであるが、その意味するところは大まかにいうなら、一九世紀、二〇世紀の人類史は、欧米諸国の文明や思想、倫理で動くと考え、日本もその枠組みでの国策を進めるべきだという考え方である。さしあたり、英米と軍事的に事を構えても日本には利益はないとの歴史観ともいえる。山本がこのような歴史観を持っていたことは、昭和十一（一九三六）年十二月から二年九カ月にわたる海軍次官時の動きを見てみればよくわかる。

三国同盟への道をひた走りにする陸軍の姿勢に反対する理由として、山本は海軍内部で次のような考えを明らかにしていた（昭和十三年八月ごろ）。

「世界新秩序を目標とする独に与する事は必然に米英旧秩序打倒戦争にまきこまれることであり、海軍軍備就中《なかんずく》航空整備の現状を以ってしてはここ当分対米戦に勝算はない」

山本はことあるごとに、日本はドイツと手を結ぶことによって、「米英旧秩序打倒戦争」にまきこまれるだけであり、益するものは何もないと主張した。こうした考えの背景には、人類史は「米英主体の秩序」で動くことを容認する以外になく、日本はその秩序のなかに身を置くべきだとの意味がこめられていた。

第二点の、山本は明確な戦争観を持っていたとの指摘は、ふたつの側面からの分析が必要である。一つは、政治と軍事のバランスを保つ平衡感覚を持っていたこと、そしてもう一つは、日本海軍の伝統的な戦術である大艦巨砲主義の限界を見抜いていたことである。いずれも明確な戦争観から発せられている点に特徴があった。

山本は、政治と軍事の役割を大日本帝国憲法に沿って忠実に遂行している。昭和の陸海軍はこのバランスが年を追って歪みを生んでいくのであったが、その折々の山本の態度は一本の芯がとおっている。

昭和五年のロンドン軍縮会議には、山本は随員として出席しているが、巧みな英語を駆使して日本側の主張を明らかにした。本書でも触れたとおり、この意見発表の姿勢がアメリカ、イギリスの軍関係者に注目され、山本について「注目すべき日本の軍人」といった評価がなされている。

山本の明確な戦争観から発せられている統帥と政治のバランスという調整能力は、海軍次官時代にもあらわれている。陸軍の三国同盟に傾斜する勢力に呼応する形で、海軍にもそれを主張する反英米派の軍人が山本に圧力をかけてくる。その折に軍務局長の井上成美は、日本海軍の将官の職責の全うぶりについて秘かにランクづけを行って、

「一等大将　明治の山本権兵衛

大正の加藤友三郎
昭和では、条件付きで米内光政
山本五十六」

と書いていた（吉田俊雄『日本陸海軍の生涯』）。統帥について理解のある将官に指導されていればよいのだが、という期待を持っていたのである。山本は調整能力を持つ指導者として仰がれていたと指摘できる。

山本は、航空機が新しい時代の戦略であるという信念によってその体制づくりを行った。大型空母に爆撃機を搭載し、その爆撃機が相手側の空母や基地に攻撃を加えるといった戦略である。

「すでにアメリカやイギリスはその方向に向かって進んでいる。つまり大型空母は海上を動く基地でなければならない」

と山本は考えていた。こうした論に対して、海軍の長老たちは「航空機こそ補助手段であり、戦略の基本は戦艦と戦艦の戦いであり、それは近代戦になってもかわらない」と主張し、山本の戦略を批判した。山本はその種の批判にまったく動じず、自説を譲らなかった。

だが海軍内部での長老の論は相応に影響力も多く、大艦巨砲主義という考え方は続き、ロンドン軍縮条約が切れた昭和十二年以降の建艦競争では、日本も「武蔵」や「大和」といった大型戦艦の建造に踏み切っている。

二十世紀の戦争は第一次世界大戦によって、飛躍的に戦備が拡大したために、戦争の内容そのものが変わった。この期は、新しい戦備（それが航空兵力であったが）にもとづいての戦争観が持てるか否かこそが重要であった。山本が先見性のある戦略家だったことは、昭和海軍を語るときにもっと記憶されていなければならない。

第三の、指導者の果たすべき義務とその責任を明確にしていたという点だが、山本は人を使うのにすぐれた能力を持っていた。その事実はすでに数多く語られている。海軍の伝統的教育方針である「実地第一（経験主義）」と「人間教育（教養主義）」の実践者であったこと（前述の吉田書）はよく知られているし、「やってみせ、いって聞かせて、させてみて、ほめてやらねば、人は動かじ」というのが信条だったこともまた有名であった。

こうしたエピソードは、指導者は人を用いるのにどのような人生観を必要としているか、それを語ってもいる。自らが率先して行わなければ人の上に立ったとは言えないという姿勢は、重要な人間的資質でもあったのだ。

むろん山本は、指導者には歴史的にどのような役割が課せられているか、それも熟知していたと思う。そのことを私なりに解析すれば、次のようにいえるのではないかと思うのである。

〈山本は日ごろから「死をもって責を果たすことが武士道である」と言っていた。ひとたび国の命運を定めるような指導的立場に立ったら、つねに死を意識しながらその責を全うすべきだ。人は時代に生きるだけでなく、歴史の中に身を置いている。だからつねに歴史的責任を自覚していなければならない。そのうえで歴史は自分に何を託しているかを確認しておくことだ〉

山本は、海軍内部で一歩ずつそのポストを登っていくとき、こうした指導者論を身につけていったように私には思える。昭和十四年八月に海軍次官から連合艦隊司令長官に転じてからはなおのこと、その責任を自らに問うていったように思う。軍人として自らに課せられた役割が、その戦争観とは異なっていても、指導者としての責任を果たさなければならないとの覚悟を固めていたのである。

山本五十六という指導者の姿を見つめるときの、以上の三点を土台に据えながら、太平洋戦争との関連を見ていけば、そこには「人間・山本五十六」と「軍人・山本五十六」の衝突があり、葛藤があったことがわかる。もし時代があのような規範をもっていなかったなら、山本は「人間・山本五十六」に徹し、太平洋戦争に反対、ないし消極的だからといって「軍人・山本五十六」から身を退くこともできた。もし現在のような個人の価値観が尊ばれる時代なら、あるいはそのような選択をする人物もいるかもしれない。

しかし、大日本帝国の存亡を賭けた状況に置かれていたあの時代、山本もまた当然ながら「人間・山本五十六」を捨てなければならなかった。

真珠湾奇襲攻撃以後の山本は、日本では「救国の英雄」とされ、アメリカを始めとする連合国では「もっとも憎むべき敵国の軍人」と称された。戦後になって、山本は連合国の軍人から「日本のもっとも卓越した戦略家」と称されるようになるが、開戦時、そして戦時下では憎まれた存在だとも言えた。そうした二つの評価の中で、山本自身はまったく別の認識を持っていた。

アメリカ海軍の空母を始めとする戦力を徹底的に叩いて、太平洋を日本の制海権の空間にしておくことで早期に和平のための外交交渉をとの思いを、山本は政治指導者に託していた。しかしそれは次々に裏切られた。昭和十七年六月のミッドウェー作戦の失敗は、山本をしてアメリカ軍の反攻期からとも判断させたが、それでもまだこれは日本側の実戦時の不手際からとの見方も採っていた。しかし、ガダルカナル以後の戦況は山本の予想していたとおり反攻の一環だったのである。その間、「政治」は何も手を打たなかった。

私はそのことに苛立ち、本書終章では、山本を中心にしての講和内閣の仮説を試みた。山本の心中を代弁したかったのである。

山本はその最期まで自らの信念と思想に殉じたと歴史的に語ることで、山本を真に悼むことができるのではないかと思う。そのような軍人を持ったことは、近代日本の救いと誇りだったと私は断言してはばからない。

本書は『サンデー毎日』二〇一八年四月二十二日号から十一月二十五日号までの連載をもとに、加筆、補筆を試みている。この間、編集部の向井徹氏には多くの点で協力をいただいた。記して謝意を表したい。前編集長の城倉由光氏、現編集長の隈元浩彦氏に改めて感謝したい。

二〇一八年十一月

保阪正康

文庫のためのあとがき

山本五十六の名は、歴史上はいかように語られていくのだろうか。真珠湾奇襲攻撃の当時は、日本でもアメリカでももっともよく知られた軍人であった。この奇襲攻撃は、その意外性と成功の形で理解される限り日本国内では、まさに英雄扱いでもあった。逆にアメリカ国内では、もっとも憎むべき敵海軍の指導者として知られることになった。その両面こそ、この指導者に被せられたレッテルでもあった。

戦後八十年というまでの空間内では、五十六像は日本にあっては「優れた戦略家」「太平洋戦争の象徴的人物」と語られる反面、「伝統的戦略の破壊者」といった誹《そし》りが同居している。一方でアメリカなど国際社会では、「騙し討ちの戦略家」という見方と同様に、「日本を代表する海軍軍人」としての能力を認める論が並列していると思う。つまり山本は、同時代の中では長短織り交ぜて語られてきたといっていいであろう。この文庫が刊行される二〇二五年は戦後八十年であり、昭和百年の節目にあたる。間違いなく同時代の解釈は、歴史的見方に移行していくであろう。

現実に「山本五十六」という名を聞いても、それは歴史上の人物であり、その肉声や肌合いは人々の想像を超えた存在なのである。では歴史上では、五十六像はいかなる形に変移していくのであろうか。

本書は言うまでもなく同時代史の中で、五十六像を捉えている。私は、昭和史の探究に努めてきたとの思いがあるが、それはまさしく同時代像の枠内にある。しかしいずれ五十六像の解釈は歴史の枠内に移るであろうが、その時にも本書で見つめた折々の史実への対応を歴史解釈の中に取り込んで欲しいという願いがある。本書はその意図で書かれたことを、改めて記しておきたい。

その上で、ということになるのだが、歴史の解釈に移行していく時に五十六像は、同時代の枠組みの不本意な類型に傾く恐れもあるやに思える。それが私の懸念でもある。これはどういう意味か。実はもう十年余も前になるのだが、アメリカの研究者から、「真珠湾奇襲攻撃の折の山本五十六の意図として、アメリカに開戦通告を意識的に遅らせることを考えていたのではないか」という質問を受けたことがある。むろんこの質問は、さまざまな質問の中の一つであり、このことだけを尋ねられたのではない。しかし、この時に私は強い衝撃を受けた。「そうか、そういう見方がされるのが歴史の見方になるのか」との望洋とした不安も湧いてきた。

同時にアメリカの歴史研究者、軍事専門家は、真珠湾奇襲攻撃の詳細を今も、そして今後も検証、分析していくことに驚かされた。それは執念という意味ではない。国家として敵対する国家から、いつあのように通告なしの奇襲攻撃を受けるかはわからない、そのための重要なヒントがあの中には込められている、と世代を超えて伝承されているのである。先の山本が、意図的に開戦通告を遅らせたのではないかとの疑問は、まさにその伝承に基づいての質問なのである。そこに気づいた時に、私は山本がいかにそのことに気を使っていたかを知るがゆえに、同時代の山本の正常な識見や感性を伝え残さなければ、あまりにも気の毒と思ったのであった。

あえてもう一つ、例をあげておこう。これも十年ほど前になるのだが、アメリカの南部テネシー州のある街に二週間ほど滞在したことがあった。カントリーミュージックの店でのことだが、私と友人のテーブルの脇の数人のグループと会話を交わすことになった。私たちを中国人と思っているのだが、日本人だと答えて短い会話を交わした。その中の一人が、「そうか、お前たちがジャップか」といったのには驚いた。まだ三十代の労働者のようであった。

私たちが苦笑していると、「死んだ親父がジャップに背中を見せるな」とよく言っていたというのだ。彼はそれがどんな意味かわからないが、と訊ねてくる。「それはリメンバー・パールハーヴァーのことだろう」と答えると、彼は「そうか」とうなずいた。

ここでは山本の名はでなかったが、真珠湾奇襲攻撃はこういう形で伝承されているのかと何とも虚しい思いがしたのであった。こういう伝承の中に山本の名が語られていくとするならば、あまりにも五十六像は歪んでしまうように思う。日本的な言い方になるのだが、山本があまりにも気の毒と言っていいであろう。歴史の中での語らいの中に、山本五十六の心情は正確に残してあげたいと、私は痛切に思っている。本書は、むろん山本が時代と格闘した昭和十年代の正直な姿をノンフィクション風に描いた作品だが、あえて終章でフィクション風の記述を試みた意味も補足しておきたい。

ブーゲンビル上空で、山本の乗った一番機は撃墜されるのだが、山本は即死ではなかったというのが、各種の証言などで明らかだと思う。私はいくつかの資料をもとにそう確信しているのだが、山本はたぶん激痛の中で自らの来し方を思い、そして彼なりに充足感を味わいながら死地に赴いたであろう。その時に「短期決戦・早期講和」という彼の考えている歴史プログラムを実行に移せない悔しさも味わったに違いない。私は山本を弔うために、山本の決意が政治的なプログラムに乗るとはどういうことか、そのことを考えてみたかった。ノンフィクション、あるいは評伝の範疇からは外れる試みではあるのだが、山本に対して次の世代の一人としてこのフィクションを手向けることで、哀悼の意を表したいと思ったのである。

読者諸氏が、その意を理解して、本書に目を通していただければこれに優る喜びはない。

本書は単行本『山本五十六の戦争』として、二〇一八年十二月に刊行された。今回、文庫版として再び読者に手に取ってもらえることになった。著者としては喜びもひとしおである。編集担当者として、細部にまで目を通していただき、適切な助言をいただいた毎日新聞出版の阿部英規氏に感謝したい。

令和六年（二〇二四）霜月

保阪正康

この作品は毎日新聞出版より二〇一八年十二月に単行本として刊行されました。
文庫ＤＴＰ作成　明昌堂
写真　　　　毎日新聞社

保阪正康（ほさか・まさやす）
一九三九年、札幌市生まれ。
同志社大学文学部社会学科卒業。
ノンフィクション作家。評論家。
近現代史の実証的研究のために、
これまで延べ四千人の人々に聞き書き取材を行っている。
二〇〇四年、個人誌「昭和史講座」の刊行などにより菊池寛賞受賞。
二〇一七年、『ナショナリズムの昭和』で和辻哲郎文化賞を受賞。
著書に、シリーズ『昭和史の大河を往く』、
シリーズ『昭和天皇実録―その表と裏』、
『昭和の怪物 七つの謎』など多数。
半藤一利氏との共著に『失敗の本質　日本海軍と昭和史』などがある。

毎日文庫

山本五十六《やまもといそろく》の戦争《せんそう》

第1刷 2025年1月25日
第2刷 2025年2月20日

著者 保阪正康《ほさかまさやす》
発行人 山本修司
発行所 毎日新聞出版
〒102-0074
東京都千代田区九段南1-6-17 千代田会館5階
営業本部：03(6265)6941
図書編集部：03(6265)6745
ブックデザイン 鈴木成一デザイン室
印刷・製本 中央精版印刷

ISBN978-4-620-21079-7
落丁・乱丁本はお取り替えします。